お江戸ののれん

鈴木進吾

江戸暖簾保存会

柘植書房新社

神田　日本橋　銀座にかけて

　白壁町　囃子町　箔屋町　鎗屋町　木挽町など
江戸時代から続いた、魅力的な名前の町名が残っています。
本書の作者は、その町々にある情緒の暖簾に魅かれて
10年をかけて、写真を撮り、文章もそえています。
私の説明は不要です。
私がその原稿を見て、帯を書けと言われて帯はほどくものだと思っていた
自分の軽薄さにあきれて同時に、強く引かれたのは「暖簾分け」という一大事でした
　ヨーロッパで古くは王室、貴族などの女性達が着ていた
男から見て満足のいくクリノリンやコルセットなど、
女性をお人形さんとして強制した衣装に19世紀から異を唱えた
スキャパレリ、ココシャネル、ヴィオネ、クリスチャンディオール、YSL
などの看板はいまだに受け継がれて、若いスチリストに暖簾分けされています。
　長い技術の修業と、訓練に裏打ちされたクラフトマンシップの継承は、
日本の料理の修業に似て、親方の背中を見て、ひたすら身体にたたき込み、
その出来栄えを認めた親方がその弟子だけに「もうそろそろ自分でやってみろ」と
言われた瞬間に暖簾が下されます。
実は私自身も暖簾を分けるか
今、真剣に苦しんでいる最中です。

山本耀司

●すいせんの言葉

暖簾を替える店は品格がある

　十年間暖簾を撮り続けて暖簾の素晴らしい真実が分かった。毎日開店時に暖簾を出し、閉店時に仕舞う。そして暖かくなれば夏暖簾を掛け、涼しくなると冬暖簾に替える。このような店は店の前に看板や書いた物を出しっぱなしにはしない。客が遠くから見ても店が開いているのが判る。
　有名店であるとか、大きい店かどうかではない。無名店であっても、小さい店であっても間違いなく品格がある。暖簾を替える店を訪れるたびに安らぎを感じ、嬉しくなる。
　そしてご主人や女将に話を伺うと皆、矜持を持って暖簾を替えていることが伝わってくる。各店が独自に自由意思で替えているのである。世界中で看板が季節によって替わるのは暖簾だけであり、風に揺れ、動きがある看板が暖簾である。(ある意味動く芸術モビールの最高の形とも言えるのではないか)
　2020年に世界中から東京オリンピックとパラリンピックに来る外国のお客様方に是非見て頂きたい。そして暖簾を替える店の常連の方々には店を再認識して頂きたい。お江戸で暖簾を季節によって替えることは少なくとも200年は続いている。江戸時代から現代に続く町の人の文化なのである。

　　　　　　　　　　　　　　　　　　　　　鈴木　進吾

● すいせんの言葉　山本耀司　2
暖簾を替える店は品格がある　鈴木進吾　3

神田 Kanda 7頁

須田町 Kanda Sudacho 8　神田まつや・ぼたん・いせ源・とんかつ万平・竹むら・下久呉服店・神田 尾張屋本店・鮨 葵・亀の子・金多樓寿司

錦町 Kanda Nishikicho 19　神田錦町 更科・兎屋 小川町店

鍛冶町 Kanda Kajicho 21　尾張家・神田 笹鮨・すし徳・蛇の目鮨本店・満寿家（ますや）

小川町 Kanda Ogawamachi 26　笹巻けぬきすし総本店

淡路町 Kanda Awajicho 27　松竹庵 ます川

東神田 Higashikanda 28　丸文

内神田 Uchikanda 29　浅野屋本店・神田 丸屋・いく代寿司・うなぎ処 おお葉・山本呉服店・神田 いろは鮨・大勇鮨

司町 Kanda Tsukasamachi 36　そらみち・松月庵・玉寿司・あい川

神保町 Kanda Jimbocho 40　さゝま・橘昌文銭堂・手打蕎麦 たかせ・なかや 蒲焼店・天麩羅 はちまき・鶴八

岩本町 Iwamotocho 46　神田 宇廼丸

猿楽町 Kanda Sarugakucho 47　猿楽町浅野屋・冨多葉

外神田 Sotokanda 49　明神下 神田川本店・あさ野・久保田・花ぶさ

九段南 Kudanminami 53　寿司政・阿づ満や

平河町 Kanda Hirakawacho 55　名代 富士そば 秋葉原店

日本橋 Nihonbashi 59頁

日本橋 Nihonbashi 60　やぶ久・藪伊豆総本店

日本橋室町 Nihonbashi Muromachi 62　日本橋 三越本店・室町砂場・亀とみ・利久庵

日本橋本町 Nihonbashi Honcho 66　繁乃鮨・日本橋更科丸屋・うなぎ割烹 大江戸

日本橋小舟町 Nihonbashi Kobunacho

たぬき鮨・日本橋 舟寿し・浮舟

日本橋蠣殻町 Nihonbashi Kakigaracho 73　都寿司・天音

日本橋人形町 Nihonbashi Ningyocho 75　京粕漬 魚久 本店・多助寿司・太田鮨・あをき・そば 東嶋屋・すき焼割烹 日山・㐂寿司・人形町今半 人形町本店・松栄堂・松浪・梅田

日本橋小網町 Nihonbashi Koamicho 86　うなぎ喜代川

日本橋茅場町 Nihonbashi Kayabacho 87　みかわ 茅場町店

日本橋小伝馬町 Nihonbashi Kodenmacho 88　鰻料理 近三

上野 Ueno 89頁

上野 Ueno 90　うさぎやCAFÉ・有職組紐 道明・天寿々・蓬莱屋・上野藪蕎麦

東上野 Higashiueno 95　百万石

下谷 Shitaya 96　入谷鬼子母神門前のだや

日本堤 Nihonzutsumi 97　土手の伊勢屋

根岸 Negishi 98　笹乃雪

谷中 Yanaka 99　すし 乃池

浅草 Asakusa 89頁

浅草 Asakusa 100　葵丸進・酔い虎 浅草・うなぎやっこ・ぱいち・紀文 寿司・雷門 田川・三角・もり銀・やげん堀 メトロ店・大黒家 天麩羅・中清 浅草・弁天山 美家古寿司・今半別館 浅草・ふじ屋

雷門 Kaminarimon 114　すし屋の野八・並木藪蕎麦

西浅草 Nishiasakusa 116　飯田屋

駒形 Komagata 117　駒形どぜう

浅草橋 Asakusabashi 118　江戸蕎麦

手打處 あさだ
柳橋 Yanagibashi　119　柳橋美家古鮨

墨田区両国 Ryogoku　122　ちゃんこ 川崎・ももんじ屋・ぼうず志ゃも
墨田区亀沢 Kamezawa　125　江戸蕎麦 ほそ川
江東区森下 Morishita　126　みの家
江東区常磐 Tokiwa　127　常盤湯・割烹

本店・よし田 うなぎ・梅寿司

みや古
荒川区東日暮里 Higashinippori　129　羽二重団子
荒川区南千住 Minamisenju　130　砂場・尾花

銀座 Ginza 135頁

銀座 Ginza　136　ぎんざ春日・銀座きもの青木 銀座本店・銀座 長寿庵・野田岩 銀座店・銀座 銀之塔 本館と別館・銀座文明堂 東銀座店・竹葉亭 銀座店・泰明庵・天一銀座本店・空也(銀座)・鮨処 いし原・萩はら 鮨・金春湯・たちばな かりんとう・すし屋の勘六
中央区八重洲 Yaesu　151　嶋村
中央区築地 Tsukiji　152　つきじ 宮川本廛・築地すし大本館銀座店・てんぷら 黒川

新橋 Shinbashi 135頁

新橋 Shinbashi　155　鶏繁総本店・新橋 鶴八・京味・能登山・すっぽん料理 牧 新橋店
虎ノ門 Toranomon　160　虎ノ門大坂屋砂場・京料理 と村
芝公園 Shibakoen　162　文昌
芝大門 Shibadaimon　163　芝大門更科布屋
赤坂 Akasaka　164　赤坂 浅田・室町 砂場 赤坂店
麻布十番 Azabujūban　166　更科堀井 麻布十番本店・そば家 長寿庵
六本木 Roppongi　168　和菓子 青野総本舗
白金台 Shirokanedai　169　利庵

新宿 Shinjuku 171頁

神楽坂 Kagurazaka　172　志満金・紀の善
新宿 Shinjuku　174　天ぷら新宿
つな八 総本店
百人町 Hyakunincho　175　百人町 近江家
高田馬場 Takadanobaba　176　うなぎ 伊豆栄

文京区弥生 Yayoi　177　夢境庵
文京区湯島 Yushima　178　ゆしま 花月・蘭亭 ぽん多
文京区水道 Suidō　180　石ばし・うなぎ はし本
北区王子本町 Ōjihoncho　182　川治
世田谷区奥沢 Okusawa　183　入船寿司
目黒区下目黒 Shimomeguro　184　とんかつ とんき
目黒区八雲 Yakumo　185　うなぎ大黒屋 目黒八雲店
品川区東大井 Higashioi　186　吉田家
杉並区上荻 Kamiogi　187　荻窪中華そば 春木屋荻窪本店

鎌倉 Kamakura　188　大繁・甘処あかね よしろう・美鈴 鎌倉・段葛 こ寿々・納言志るこ店
花暖簾　193　市川左団次四代目・板東彌十郎 初代・中村松江 六代目

暖簾は替わる　56
Seasonally changed Noren　132
江戸尻取り唄　170

神田
Kanda

須田町 Kanda Sudacho
錦町 Kanda Nishikicho
鍛冶町 Kanda Kajicho
小川町 Kanda Ogawamachi
淡路町 Kanda Awajicho
東神田 Higashikanda
内神田 Uchikanda

司町 Kanda Tsukasamachi
神保町 Kanda Jimbocho
岩本町 Iwamotocho
猿楽町 Kanda Sarugakucho
外神田 Sotokanda
九段南 Kudanminami
平河町 Kanda Hirakawacho

Kanda Matsuya Sudacho

神田まつや

〒 101-0041
東京都千代田区神田須田町 1-13
電話：03-3251-1556
http://www.kanda-matsuya.jp/

　店の前には江戸彼岸桜が染井吉野より5日ほど前に咲き、色は濃い目である。この店では山葵は注文を受けてからすり下ろす。桜と山葵は相似たり、江戸っ子はどちらも好きである。桜はぱっと咲いて、ぱっと散る。山葵はぱっと辛くてすぐ消える。また店の入口にある松に2017年より雪吊りが設けられ、18年1月にやっと似合う天気になった。こちらは五巾の半暖簾が左右の入口にあり、厳密ではないが、向かって右は入口で左が出口である。

Kanda Matsuya Sudacho

神田 須田町

のれんの四季

神田 須田町

Botan Sudacho

ぼたん

〒 101-0041
東京都千代田区神田須田町1丁目15
電話：03-3251-0577

た手鞠歌であり、それを叔父が書きあげてくれた(170ページ参照)。
　この尻取り歌は1800年代初めから、江戸の下町で歌われ、鞠突きやお手玉をしながら唄ったという。47句が牡丹から始まり、牡丹に戻るとは素晴らしい。時代や場所によって少しずつ違った句が存在するが、何れにしろ、江戸後期から明治初期の風俗がちりばめられている。「暖簾が替わる」という文化と何か共通すると思い、また、この歌は口伝の象徴として載せた。

　七巾の半暖簾は門柱があり、全体を撮るのは難しいが、夏冬ともに真ん中に「鳥」左側に店名の「ぼたん」右に以前の町名である連雀と明解である。また、ここは下足番のいる鳥すきの店である。
　ぼたんといえば、これである。幕末から明治初めに東京で歌われていた江戸尻取り唄は「牡丹に唐獅子」と、ぼたんから始まり「停まる蝶々に八重牡丹」と、ぼたんにもどる。これは祖母が歌ってい

神田 須田町

いせ源

Isegen Sudacho

〒 101-0041
東京都千代田区神田須田町 1 丁目 11-1
電話：03-3251-1229
https://isegen.com/

　五巾の半暖簾で、すぐ横には2017年より日除け暖簾を出し、現在は夏は青、冬は赤で鮟鱇が描かれてある。こちらの店には下足番がいる、そして帰る時は下足番から貰った札を丁場へ持っていき支払うのである。そこには学生時代にウエイトリフティングをしていた体格の良い若主人が座っている。こちらの二階には鮟鱇が画かれた内暖簾が掛かり、一階の鮟鱇の吊るしぎりをする丁場との間には糸輪に覗き桔梗の家紋が入った茶の半暖簾が掛かっている。

内のれん

神田 須田町

Tonkatsu Manpei Sudacho

とんかつ万平

〒 101-0041
千代田区神田須田町 1-11
電話：03-3251-4996

　ここの暖簾は割れ字という技法で作られている。「とんかつ」の四文字が包丁を使ってかつを切るようにスパッと切れている。その事に気が付いた時、確かどこかで同じような暖簾を見たような気がした。すぐに目黒のとんきに行ってみた。やはりとんかつの文字が切れていた。他の店にはほとんどない変わった暖簾である。2018年暮れより、夜の営業はやめ、昼だけになってしまった。牡蛎のある季節は並ぶ人も多く入店することに苦労する。

店の中にしまわれたのれん

Takemura Sudacho

竹むら

〒 101-0041
東京都千代田区神田須田町1丁目19
電話：03-3251-2328

神田 須田町

　ここは建物、植木にぴたりと合った五巾の半暖簾のある甘味処である。最初に出される「さくら茶」は理になっている。人間の舌は先ず塩を感じ後からゆっくり甘さを感じるので、さくら茶の後の粟ぜんざいの甘さが際立つ。創業当時からこのスタイルだという。初代、二代目とそれを続けている当代は流石である。6〜7年前の寒いころ、夕方誰もいないこちらに入り、粟ぜんざいを食べていると三人の男性が別々に入って来た。そして甘い物を注文した。それで尋ねてみると先代のご主人はこんなこと初めてだと答えてくれた。15年以上前に女性が一人で居酒屋に行くようになり、女性が解放されたと言われていたが、実は男性も解放されていたのだ。

Takemura, Awajicho

　This is a café featuring Japanese-style sweets. It is decorated with a half Noren made up of five pieces which exactly matches its building as well as garden plants. A cup of "Sakura-cha" (literally, tea of cherry blossom) is served first in here because: its salty taste makes the sweetness of Awazenzai stand out.

　We humans sense salty taste first then sweet after at a slow pace. They have been keeping this style since the establishment of a business. That's just what one would expect of an heir of a traditional café.

神田須田町

Shimokyu Gofukuten Sudacho

下久呉服店

〒 101-0041
東京都千代田区神田須田町 1 丁目 19-8
電話：03-3251-0388
https://shimokyukimura.jimdo.com/

若主人に持ってもらって撮った写真

やさんの隣にあり、大勢の社員がいたと周りの人から聞いた）。それで下総の下と久作の久を取り屋号は「下久」となったそうだ。

夏冬とも二巾の長暖簾に店名の下久とともに連雀町と入っている。こちらの若主人は誠に親切な方で自分で下久と入っている暖簾を持ち写真撮りをアシストしてくれた。またワテラスの照明デザインは呉服屋であるここの若主人の作品である。ちょっとミスマッチにも思えるが、美意識は確かである。こちらは明治4年に下総から来た初代木村久作がこの連雀町で店を出し（初期は表通りの神田まつ

Kanda Owariya Honten Sudacho

神田 尾張屋 本店

〒101-0041
東京都千代田区神田須田町1丁目24-7
電話：03-3256-2581

神田 須田町

こちらは五巾の半暖簾であるが、左上方には割れ木瓜に尾張屋の尾を入れてオリジナリティーを出している。このお店はイージーオーダーが出来る。例えば、たぬき蕎麦にお餅を1個入れてもらうとか、はまつゆ蕎麦のように白いお汁にして白きつね蕎麦にして貰うなど。こちらは神田祭のとき、神輿を担ぐ人のために500杯の天婦羅そばを用意している。そのせいか、よそから来る担ぎ手も多い。「これを始めた先代の大女将は素晴らしい」と持ち上げると聞いていた孫が、「おばーちゃん余計なことをしてくれた」と笑った！

また、「浅草尾張屋本店」と鍛冶町一丁目のおでんの「尾張家」とは遠い親戚である。

Sushi Aoi Sudacho

鮨 葵

〒 101-0041
東京都千代田区神田須田町１丁目２
電話：03-3254-6260

た葵という店名は 2003 年にここを開店したとき、前年に生まれた最愛の娘の名を採ったとご主人は照れくさそうに笑いながら教えてくれた。ここのご主人、田口さんの印象は「魚が大好き、寿司が大好きそしてお客さんが大好き」という感じである。

須田町一丁目の鮨店である。ここの二巾の暖簾の前にはスクーターが鎮座ましますが、町には暖簾の近くにオートバイや自転車があり、写真に取込まれることが多い。出前や仕入用に使うためであり、ご容赦頂きたい。ここの暖簾が夏冬あるのは修行したお店が替えていたからという。和の伝統が引き継がれているのが嬉しい。ま

Kamenoko Sudacho

亀の子

〒 101-0041
東京都千代田区神田須田町1丁目26-2
電話：03-3256-3949

神田 須田町

この店2005年までは中央通りの反対側にあった。その時は外にあった暖簾は今では店の中に掛けてある。半暖簾に丸に違い鷹ノ羽がある。この紋は浅野内匠頭などが使う、誇りある家紋である。また名前の由来からか亀の子が暖簾の上に鎮座しているのも楽しい。先代の女将が神田で店を始めるとき、小田原の実父から亀は大酒飲みなのでその子供の亀程度の飲み方をするお客さんを相手にするようにといわれ、店名は亀の子と附けたそうだ。当時は小田原に海亀が卵を産みに来ており、海に帰るとき大好きなお酒を飲ませてやっていたとのことである。

ここで、よ組の鳶頭と合席となり、神田祭は一年おきに神輿がでるが、それはどう覚えたら良いかという話になり、オリンピックのない年と覚えるのが良いというと、鳶頭はすかさず「そうだよ、神田祭の合間、合間にオリンピックはやるんだよ、こっちの方がずっと古くからやっているんだから」と言い放った。

Kintaro Sushi Sudacho

神田 須田町

金多樓寿司

〒 101-0041
東京都千代田区神田須田町2丁目2-20
電話：03-3251-7912
http://www.kanda-kintarou.co.jp/

ここは昔は淡路町にあったと聞いた。こちらの暖簾は、三年ほど前まで五巾の暖簾であったが、店舗改装をし、夏は麻の紺、冬は木綿の紺とも三巾の暖簾になった。店構えは高級感がやたら出てきたが、若いご主人の暖簾に寄せる気持ちは半端ではない、店構えとぴたりと合っている。嬉しい限りである。またここの煮蛤の「つめ」は蛤から作る、他の鮨屋では聞かない。またこちらは昼は予約でもないかぎり店を開けないようになった、どちらかと云うと寿司懐石とか寿司割烹の業態に変わった

ともいえる。こちらは神田駅から歩いて4分位であるが、丁度まん中の2分の所に神田デザートという紅茶専門の小さな店がある。ここではスウェーデンの紅茶を売っているし、飲ませてもくれる。セーデルの紅茶はノーベル賞を受賞した人に出され、飲む紅茶である。この紅茶を飲んだ人はノーベル賞が取れるという意味ではないのでご注意あれ。

Kandanishikicho Sarashina Nishikichō

神田錦町 更科

〒101-0054
東京都千代田区神田錦町3丁目14
電話：03-3294-3669

神田 錦町

　紺、赤、青には暖簾のまん中に丸に三つ柏の紋があるが、全てに永坂更科分店と書かれている。ここの暖簾は8枚以上あるが夏になると風鈴を下げ、暮れには年越し蕎麦の幟が立つ。しかも2017年より軒いっぱいに水引暖簾まで付いた。ご主人の暖簾に掛ける心意気はご立派。水引暖簾は夜でも掛けておいていいのである。また仕舞われた裏返しの暖簾は看板(営業終了)まで店に居て撮らせてもらった。この店の前の通りは五十(ごとう)通りである。一八通りの延長で本郷通りを越えた所から五十通りと名前が変わる。

神田
錦町

兎屋 小川町店

Usagiya Ogawamachiten Nishikicho

〒 101-0054
東京都千代田区神田錦町1丁目16
電話：03-6273-7278

　四巾の暖簾の掛かる小川町に近い錦町にあるこちらは日曜、祭日も殆ど休まない。日曜日でもお昼はやっているうどん屋である。殆ど休まない頭の下がるご主人である。そして、暖簾は二枚にしてほしいと話していたら、ある日突然赤い暖簾が掛かった。仕舞っておいた暖簾を探し出してくれたのだ。
　こちらの店は以前、銀座三丁目にあったが、2010年に今の場所に越してきた。暖簾の下には左右に必ず塩が盛ってある。いわゆる盛り塩は中国の故事にならっている。

Owariya Kajicho

尾張家

〒101-0044
東京都千代田区鍛冶町1丁目6-4
電話：03-3251-4320

神田 鍛冶町

　左右二ヶ所の入口があり、左には五巾、右には三巾と入口の大きさに合わせて暖簾が掛かっている。夏は白、冬は紺であるが何れも丸に覗き鷹ノ羽が入っている。ここは「おでんや」であるから右側の暖簾の横には立派な提灯が掛けてあるのは至極自然である。おでんは当然冬のものであり、冬は開店そうそう混み始める。そのような店が夏暖簾に替えるのであるから、きっちり6月1日に替えなくてもよしとせねばなるまい。こちら店は以前、昼にも営業していたが、今は夜だけになってしまったのが惜しい。

神田 笹鮨 Kanda Sasasushi Kajicho

〒 101-0044
東京都千代田区鍛冶町2丁目8-5
電話：03-3252-3344
https://www.sasazushi.com

　写真を撮ることになったのはこちらの店からである。ここのご主人（三代目）に今のうちに撮っておかないと夏冬揃った暖簾のある店はなくなるといわれ、2010年より写真を撮り始めた。確かに9年間に440軒撮ったうち30軒の暖簾は消えてまった。ここは昔ながらの握り鮨で（ここの先代は江戸前鮨とは言わず握り鮨と言っていた）、握るために玉子はとことん薄焼、ここまで薄い薄焼玉子は日本橋吉野寿司とここくらいである。さて、こちらの暖簾は六つ巾の半暖簾で、笹の字も寿の字も2枚に架かっている。いかにも江戸の寿司屋という暖簾である。夏は薄い麻であり、すぐ作り直さないといけないほど弱い。冬は藍染であり気を付けていると毎年少しずつ色が変るのも味がある。

店の中の夏のれん

すし徳

Sushitoku Kajicho

〒101-0044
東京都千代田区鍛冶町2丁目11-21
電話：03-3251-3414

神田 鍛冶町

　ここの夏暖簾の金魚はなんとも可愛いが、もう一つの夏暖簾には纏が描かれている。江戸の火消しの象徴の纏である。江戸の火消したちは前腕を除き彫り物(入れ墨)をしていた。イギリスのガーンジー島の漁師が一人一人個性のある違った柄のセーターを母親や細君に編んで貰いそれを着て漁に出ていたのと同じ目的であった。万が一死んでしまった時に、今のようにDNA鑑定のない時代の個別認識をするための方法である。洋の東西良く似たぎりぎりの生活の知恵があったことに感銘を受ける。

Sushitoku

This restaurant's summer Noren has a print of Matoi, an emblem printed on a flag of firefighters. Firefighters of Edo (the former name of Tokyo) had their own tattoos, Irezumi. It had a similar purpose to the case of fishermen from Guernsey, an island in the English Channel. They go on fishing with jumpers uniquely woven for each. In this way, it is possible for them to be identified in case of fatal accident.

蛇の目鮨本店

Janomesushi Honten Kajicho

〒101-0044
東京都千代田区鍛冶町 2-12-12
電話：03-3251-7446

神田 鍛冶町

　夏冬とも三巾の半暖簾である。江戸前蛇の目鮨本店とある。蛇の目鮨本店は新富町にもあるが、そちらとは関係はないとのこと。この暖簾は夏冬とも真ん中に赤の蛇の目紋があり、左側に店の名前、右側には「のし」を付けて贈り主の麻実れいよりとある。これは暖簾を贈る時の典型的な形式である。(なお麻実れいは宝塚歌劇団出身である)この店を出て右にいけばすぐ神田駅東口だが、駅舎に入り天井を見ると、改札の前1列だけ、高くなっている。理由は神田祭のとき、神田駅に接している町内の神輿が、替わる替わる駅舎に入りここで揉むためである。

Masuya Kajicho

満寿家(ますや)

〒101-0045
東京都千代田区神田鍛冶町3丁目3
電話：03-3256-8897

神田 鍛冶町

店であるが、昼は鰻重を出している。

夏冬とも家紋の丸に剣片喰（かたばみ）が入る五巾のきっちりした半暖簾である。ここの女将は浅草育ちで、浅草から遠い処へ嫁に行きたかったが神田止まりだったと言う。武芸百般何でもござれである（とはいっても薙刀はやらないが）長唄は国立劇場に出演する。また小唄、日本舞踊、茶道、華道、香道、書道など守備範囲は広く色々と教えて貰える。なんでそんなに守備範囲が広いのか尋ねると、女将はみんな「かでし」ですと謙遜する。かでしとは何なのかと更に尋ねると、蚊が飛んでる間だけの弟子のことだと笑う。ここの楊枝入れの亀は女将が嫁に来る前からいるという。神田では実力のある河豚の

Sasamaki Kenukisushi Sohonten Ogawamachi

笹巻けぬきすし 総本店

〒 101-0052
東京都千代田区神田小川町2丁目12
電話：03-3291-2570

お茶の水駅から坂を下りて行くと東京復活大聖堂(ニコライ堂)があり、そこの小川町交差点寄りにある店で、角店になっている。こちらの店は五巾の半暖簾を見るとまん中にけぬきすしと書かれた短冊と笹を被せた的そこに矢が当たっている。江戸名物となかなかの文字で書かれている。夏は白、冬は味のある茶色である。元禄15年(1702)創業で江戸の保存のための鮨の原点といってもよいお店である。保存を旨とした寿司は確かに塩分は多い。

店には狭いが食べるスペースもあり、何人か分のランチメニューもある。

Shochikuan Masukawa Awajicho

神田 淡路町

松竹庵 ます川

〒 101-0063
東京都千代田区神田淡路町２丁目６
電話：03-3251-1043

　こちらは旧町名である連雀町で一番古い蕎麦屋である。神田やぶ、神田まつやより古い今は七代目の助けをうけつつ、八代目が店を切り盛りする。モーグルの日本チャンピオンであり、バンクーバーオリンピックを目指していた八代目は七代目が倒れた時ウィンタースポーツを諦め、修行を積んで店を継いだ。天婦羅を中心に据えて特徴を出し新たな挑戦をしている。平和の象徴であるオリンピックはアメリカが９回、フランスが５回開催しているが、2020の東京を入れると日本は４回の開催となる。なんと世界で３番目に多い国である。日本人はオリンピックを運営する側に数多く入って欲しいものだ。

Shochikuan Masukawa, Awajicho

　This is the oldest Soba restaurant in Renjyaku-cho and is older than other Soba restaurants such as Kanda-Yabu and Kanda-Matsuya.. It is now run by an 8th-generation heir with some support of the seventh. The eighth used to be a mogul skier but quitted when the seventh fell down and succeeded his family business after going through a training period. Their major characteristic is to put tempura to their Soba dish.

丸文   *Marubun* Higashikanda

〒 101-0031
東京都千代田区東神田1丁目15-1
電話：03-3861-0267

　ここは五巾の半暖簾が四色あり、しかも同色の日除暖簾もある。これは当代の若い女将が始めたとのこと。このセットで四色とはここだけである。若い女将の暖簾にかける心意気を感じる。四色とも逃げそうな鰻を捕まえようとする絵は滑稽にも見える。鰻割烹に丸文と添えられているが、なぜか白とグレーは一行に書かれ、紺と赤は二行に書かれている。

　日本鰻は西マリアナ海の非常に狭い処で夏至を過ぎた満月の頃に一斉に産卵する。北米の13年蝉、17年蝉と同じ理由で補食する天敵から種を守るためである。鰻は弱い生き物なのだ。

Asanoya Honten Uchikanda

浅野屋本店

〒 101-0047
東京都千代田区内神田2丁目7-9
浅野屋ビル 1F
電話：03-3254-4351

神田 内神田

立っていたので二七通りと言っていていた。この市は植木が中心であったと聞く。

　二巾の標準丈の暖簾であるが、自動扉がそばにあり撮り厳しい上に、外からも見え難い。こちらのお店だけでなく、自動扉と暖簾は相性がわるいのである。そこでご主人は2018年、店の外に紺色の冬とやや緑がかった青色の夏とを新たに作ってくれた。入口の左側にある看板と良くマッチするようになった。裏返しの冬の一枚は店内から撮った内暖簾とも外暖簾ともつかない暖簾である。

　ここの通りは出世不動通りというが、以前には二と七の日に市が

神田 丸屋

Kanda Maruya　Uchikanda

〒 101-0047
東京都千代田区内神田２丁目 9-10
電話：03-3256-4128

あるが夏暖簾とも冬暖簾とも相性が良い。離れた処にあると入口近くに持ってきたくなる。

　神田駅西口通りの小さな蕎麦店で、冬は三巾の半暖簾が掛かる。夏は冬よりやや短くなっている。ここの夏暖簾は麻で、千客万来により解れてしまった。それを短くして繕い、掛けていると女将が話してくれた。麻は薄く弱いのである。また調理場とお店の間に掛かる内暖簾も表と合わせて替えているとのことだ。そしてこの店は「江戸神田蕎麦の会」のメンバーでもある。店頭に色づいたナンテンが

Ikuyosushi Uchikanda

いく代寿司

〒101-0047
東京都千代田区内神田3丁目15-6
電話：03-3256-1943

神田 内神田

は旭町であった。町内会は旭町のままであり、神田祭の時もこの名前で神輿を担ぐ。内神田という住所をお上が決めた時多町一丁目や司町の一丁目はそこに入った。そこまでで中途半端にやめてしまった。それで多町や司町は一丁目はなく、二丁目があるというおかしなことになってしまった。しかし、神田祭になると鎌倉町なども含め昔の町名が表に出てくるので多少救われる。

　夏冬とも五巾の半暖簾であり、屋号は一巾に一文字づつ入っている。こちらのお店は四人掛けのテーブルが二つあるだけの小さな寿司店である。しかし魚を見る目とそれを捌く技術では神田でも指折りのご主人は三代目である。以前は神田駅北口交差点の近くにあったそうで、店内に当時の写真がある。今の住所は内神田であるが、以前

神田 内神田

うなぎ処 おお葉

Unagidokoro Ooba Uchikanda

〒 101-0047
東京都千代田区内神田3丁目10-1
大木ビル
電話：03-3254-8080
https://unagi-ooba.owst.jp/

まい、夏暖簾は茶色で冬と同じ配色になってしまった。今は夏は麻の白暖簾、冬に木綿の紺色の暖簾を白抜きの文字を入れ掛けてある。野田岩の系統だけに白焼きは独特である。

　神田西口通り、佐竹神社の隣にあり、かねもと野田岩（元は神田駅東口にあり、開店当初3年間は休みなく店を開けていた）だった店を2007年1月に今のご主人大場氏が引き継ぎこのおお葉という暖簾を掛け始めた。電話はかねもと野田岩のまま使っている。その時作った半暖簾は、文字の「じ」と生地の「じ」と作り手が取り違えてし

Yamamoto Gofukuten Uchikanda

山本呉服店

〒101-0047
東京都千代田区内神田３丁目 11-1
電話：03-3251-2208

神田 内神田

　神田地域だけでなく東京でも数少なくなった呉服店であり、小さいながら三巾の暖簾は三色ある。
　呉服は呉の時代、漢字は漢の時代、唐詩選の唐は、唐の時代そして遣隋使は隋の時代と日本は中国文化に長期にわたり強い影響を受けている。日本は明治維新から75年間はヨーロッパに学びその文化に影響をうけてきた(そのあと終戦後75年はアメリカに影響を受けている)。その前の時代はと言えば中国である。上記のように中国の国名が何に変わっても大いに影響をうけているのである。

Kanda Irohasushi　Uchikanda

神田 いろは鮨

〒 101-0047
東京都千代田区内神田 2-13-6
電話：03-3254-6882

　こちらは半地下のためか、暖簾は小さめの三巾であるが家紋の花菱が入っている。ここの先代が店を始めるとき「いろは」からしっかりやろうとこの名前を付けたと聞く。

　いろはといえばいろは歌留多であるが、江戸と京都では殆ど違う。江戸は「犬も歩けば棒に当たる」「論より証拠」京都は「一寸先は闇」「論語読みの論語知らず」などである。しかしなぜか「月夜に釜を抜かれる」という一枚だけは同じとのことである。

Daiyusushi　Uchikanda

大勇鮨

〒101-0047
東京都千代田区内神田3丁目22-1
電話：03-3256-2905

神田 内神田

2018年に緑色の五巾の半暖簾を新調した。夏も生なりの白で新しくなった。こちらの暖簾は女将が替える役割のようだが、昨年若主人は女将と合羽橋で新たな暖簾を注文したと教えてくれた。

この店である客の質問は「そこの串は何に使うのか」であった。海老を茹でるときにまっすぐにするためと、若主人が答えると、隣の客はすかさず「ABがCにならないようにするってことだね」と付け加えた。またここの隣には天狗という店があり、SoS（60才以上のバスケットチーム）のたまり場になっている。店内を見回すと優勝トロフィー、表彰状など沢山飾ってある。

Soramichi Tsukasamachi

そらみち

〒 101-0048
東京都千代田区 神田司町 2-2-1
電話：03-5295-0121
https://soramichi.gorp.jp/

　2017年7月に新たに開店した斬新な暖簾の店である。始めはアトランダムに二種類を替えていた。気になり夏は6月1日に、冬は10月1日からだとアドバイスすると、きっちり10月1日に冬暖簾へと替った。暖簾の替わる新しい店が出てきた。欣喜雀躍、是非続いて欲しいものである。こちらの店はデザイナーが入っており、内装はセンスがよい。暖簾もよく分からないまま二つ作ったと思われるがともかく喜ばしいことである。ここの住所は「神田司町」であるが、すぐ近くの交差点のローマ字表記では「Tsukasamachi」とある。正式には「まち」であるのに神田の各町の人々ですら「つかさマチ」と言わず「つかさチョウ」というのは不可思議である。

Shogetsuan Tsukasamachi

松月庵

〒 101-0048
東京都千代田区神田司町 2 丁目 6-19
電話：03-3252-5554

神田 司町

る。「松の山に月が出ている」。夕方になるとさらに素晴らしい。これに気が付いた時に感じたことはこの絵を描いた先代のご主人は相当な粋人だったということであり、話を聞きたかったとも思った。

小さな店であり、夏冬とも一見平凡な三巾の半暖簾が掛かっているが、車道から植込み越しに見ると素晴らしい景色が見えてくる。こちらの前を歩く人は1日1000人はいるだろう、車も1000台以上通っていると思う。歩道を歩いているだけでは分からない。車で通っているだけでは気が付かない。暖簾の写真を撮っていても気が付かなかった位である。この店の暖簾の上に2階との間の壁にこの店の名前が象徴される絵が描かれてい

Tamasushi Tsukasamachi

玉寿司

〒 101-0048
東京都千代田区神田司町2丁目16-8
電話：03-3256-3220

与されプラスされた。日本の家紋は、本家から独立して分家すると丸を足したりして少し変えたりはするが実にシンプルである。徳川各将軍の三葉葵はそれぞれ少しづつ違うのは上様の自己主張であろう。

ここの三枚ある五巾の半暖簾のうち一枚は提灯に使う丸が入っているが、残りの二枚には家紋の丸に蔦が描かれている。

江戸時代は元禄の頃(1700年代)から名字を持たない江戸の町人でも自家の家紋を持ち、使っていた。これは町人のレベルの高さを表している。日本の家紋と近いものにはヨーロッパの紋章があるが、中国、中央アジア、インドなど他の地域には無い。ヨーロッパの紋章は、例えばチャーチルの紋章には第二次大戦の時にフランスから、助けたお礼にと百合のマークを授

Aikawa Tsukasamachi

あい川

〒 101-0048
東京都千代田区神田司町2丁目 17-18
電話：03-3219-7588
http://www.ayiskt.sakura.ne.jp/

神田 司町

ここには四つの暖簾があるが、一つ目の紺色は丸に抱き茗荷の紋がまん中にあり、右下に小さくあい川と書かれている。そして、この暖簾の下には猫が写っており、正に招き猫である。二番目は麻の白で三番目の木綿の茶の暖簾と同様「あい川」と屋号のみが入っている。四つめは真夏用の紗の暖簾で、秀逸であり弦の伸びた先にちらほら葉が描かれている。そしてこちらのご主人は大きな鮪をいとも簡単に捌くという。地元では知られた話である。

神田 神保町

Sasama Jimbocho

さゝま

〒 101-0051
東京都千代田区神田神保町 1 丁目 23
電話：03-3294-0978
http://www.sasama.co.jp/

こちらの冬暖簾の前に、お正月には門松が飾られる。

神田では門松は6日にかたずけると決まっている。偶然といえるが、ヨーロッパではクリスマスの飾りは3人の博士がキリストのところに来た1月6日に片付ける。また、こちらは桃の節句には雛人形のお菓子を作る。男雛が右か左か？　東京では大正天皇の即位の時に西欧式プロトコールを取り入れた。それをきっかけに向かって左に男雛、右に女雛を飾るようにと東京の雛人形屋が広めた。京都では伝統的な中国の形式で逆に飾る。中国の文化から西欧の文化に移行して行く時代の一例である。

Sasama

This confectionery decorates the gate with Kadomatsu, pine branches, for the New Year before decorating with winter Noren. In Kanda, Kadomatsu is supposed to be taken away on the 6th of January every year. Coincidently, in Europe, Christmas decorations are taken away also on the 6th of January at the timing of the three wise men visiting a newborn Jesus Christ.

Moreover, they make sweets of a set of bride and bridegroom dolls for celebrating the Girls' Festival (March 3). Should a groom be placed on the right or left side? In Tokyo, Western protocol became adopted when Emperor Taisho acceded. From then on, doll stores in Tokyo started to spread a style of placing a groom on the left side and a bride on the right side. In Kyoto, they are placed the opposite as a result of conventional Chinese style. You can see a cultural transition from Chinese cultural influence to the Western one.

Bunsendo Jimbocho

橘昌文銭堂

〒 101-0051
東京都千代田区神田神保町 1-13-1
すずらん通り
電話: 03-3292-0003
http://kanda-bunsendo.com/index.html

神田 神保町

硬くなるのでこし餡で食べるのが良いと思う。もっとも最近は温暖化のため秋の彼岸に新小豆が間に合わなくなったので、お彼岸とは別に考えた方が良さそうである。

　緑、茶、白と三色ありいずれも五巾の半暖簾であるが、緑色はだいぶ痛んできて使えないかもしれないと、女将は話していた。すずらん通りにあるこちらは、さすが神田で銭の付いた店名を名乗るだけあり、銭形平次最中を売っている。

　日本人は二つに分けられる。それはつぶ餡派とこし餡派である。仲良く食べ分けるにはいかにしたら良いか？小豆が取れ立ての秋は柔らかいのでつぶ餡で食べ、春は

神田 神保町

手打蕎麦 たかせ

Takase Jimbocho

〒101-0051
東京都千代田区神田神保町2-21-10
高野ビル1F
電話：03-3288-1370
http://www.soba-takase.com/

庵の系統の浅草の蕎麦屋で修行し、店を始める時、蕎麦屋なら暖簾だと思い最初は夏冬の2枚を作ったが、どうせなら春夏秋冬の4枚作ろうと思いたち、春は桜、夏は山吹、秋は紅葉そして冬は紺にしたそうだ。素晴らしい四季を感じさせる暖簾である。

こちらの暖簾は四色あり四巾であるが、いずれも段違いに作られており、客の出入する側を短くしてある。こちらのオリジナルの工夫であり洒落た建物と合っている。ここのご主人は何か料理で身を立てたいと思い、いろいろ尋ねたあと蕎麦屋になったとのこと。一茶

Nakaya Jimbocho

なかや 蒲焼店

101-0051
東京都千代田区神田神保町 2-13
神保町 SF ビル 1 〜 2F
電話：050-3221-6776

神田 神保町

るのを避けて関西とは違い背開きにしたというのは有名である。

神保町は桜通りにあるこの店は五巾の半暖簾が掛かる。少々奥まった所に入口があり、通りにうなぎと書かれた幟が出ている。2003 年頃まではすずらん通りにあった。今の暖簾はその頃の暖簾と同じ文字と色である。/こちらの北には靖国通りがあり、古本屋街であるが、面白いのは書店は九段に向かって左側だけにしかない。右側には全くない。理由は日当たりが本に大敵だからである。またむかし、江戸には侍が多く、うなぎは腹を切

神田 神保町

天麩羅 はちまき

Hachimaki　Jimbocho

〒101-0051
東京都千代田区神田神保町1丁目19
電話：03-3291-6222

通りにあるが、神田では天米、天八、天平など閉店してしまった天麩羅屋が多い中頑張って頂きたいお店である。

　銀座には天皇が海軍省に行幸する時に使った道「みゆき通り」とともにもう一つ通りがある。こちらは神田に習い「すずらん通り」と付けたと聞く。

　〇〇銀座と多くの町で頭に銀座を付けて通りのイメージアップをはかっているのにと思うと面白い。

　夏は白、冬は紺とも五巾の半暖簾の掛かるこちらは初代の言葉「奇をてらった高級店にするな」という教えをしっかり守っている天麩羅屋である。こちらのご主人はいつ行っても店に立ち天婦羅を揚げている。近くに行くことはあっても、すぐ戻れる範囲にいるとご主人は胸を張る。こちらはすずらん

Tsuruhachi Jimbocho

神田 神保町

鶴八

〒 101-0051
東京都千代田区神田神保町２丁目 4-1
電話：03-3265-6533

　神保町交差点の近く、靖国通りから少し入ったところにあるお店である、こちらは夏冬とも三巾の半暖簾で小さいが品格がある。ここには載せてないが紺色もある。

　柳橋美家古寿司で修行をし、本を二冊書いている伝説の師岡氏が神田で開いた店を紆余曲折あったが 2018 年より、新橋分店で仕事をしていた弟子の石丸氏が三十数年ぶりに神保町の鶴八にもどり暖簾を継いでくれた、何と喜ばしいことであろうか。新橋店は分店が取れ、新橋鶴八として、営業し始めた。そちらも中々の暖簾に変わったのも嬉しい。

神田 岩本町

神田 宇迺丸

Unomaru Iwamotocho

〒 101-0032
東京都千代田区岩本町 1-4-4
神田第四パークビル 1 F
電話 050-5257-7006

　こちらは夏は麻の白、冬は木綿の紺で五巾で半暖簾の寿司処であるが最近冬暖簾は千客万来のせいか、人の出入りの多い左から二番目が短く繕ってあるではないか。実に味のある風景であろうか、嬉しくなった。このお店のルーツは日本橋であり、そこから浅草橋に行き、柳橋の検番のそばに移り、そこで修行をしていた今のご主人が店名の文字の形を変えて今の岩本町に店を出したとのこと。以前は柳橋にあっただけに柱と観音竹によくあった風情のある暖簾である。入りたくなるような格式のある店構えである。

Asanoya Sarugakucho

猿楽町浅野屋

〒 101-0064
東京都千代田区神田猿楽町2丁目7-6
電話：03-3291-4327

神田 猿楽町

　神田と日本橋の人々はプライドがあり、頭に神田或は日本橋を付けている町が多い。神田は麹町区と一緒になり千代田区となったが、その時に神田須田町とか神田淡路町となり、日本橋は京橋区と一緒になり中央区なった時に日本橋茅場町とか日本橋人形町などと地元のお歴々が主張してこうなった。

　浅野屋本店とは親戚関係になるお店であるが、ここの暖簾は夏には白の麻、冬には紺の木綿を掛ける。この店のある住所猿楽町は2018年1月1日から神田猿楽町となった。同時に三崎町も神田三崎町となった。

Futaba Sarugakucho

冨多葉

〒 101-0064
東京都千代田区神田猿楽町2丁目2-9
電話：03-3291-4887

　こちらは角店の蕎麦屋であり暖簾は目立つ。夏は白、冬は紺で五巾の半暖簾が掛かる。典型的な蕎麦屋の佇まいであり、暖簾である。昼に入ると多くの客はカツ丼を注文する。昔は二階が料亭で賑わっていたと大女将はいう。ここは震災と戦災と二度に渡り焼失したそうだ。そして今は店の奥の防空壕のあった半地下でご主人は蕎麦打ちをしている。50年前にはラーメンやかき氷もあったという人もいる。こちらのご主人冨山和夫さんは神田神社の御防講（火事の時神田神社の外側を守る）の講元10人のうちの1人である。

Kandagawa Sotokanda

明神下 神田川本店

〒101-0021
東京都 千代田区 外神田2丁目5-11
電話：03-3251-5031

神田 外神田

鰻割烹の店である。黒塀が続き、門に扉はなく道から少し入ると玄関前の大振りの暖簾が待ち受けている。こちらは、昔誰々が来たなどと言わない。これもまた一流の証、格式を感じる。

格式といえば、日本語は格式高い言葉である。世界に文語を持つオリジナルの言語は四つしかない。その内の一つである。ヨーロッパの言語、フランス語、英語、ドイツ語、ギリシャ語などあるがすべてラテン語がオリジナルであり、エジプト語、トルコ語、ヘブライ語などオリエントの言語は古代アラビア語がオリジナルである。また中国語は云わずとしれた、漢文である。他の三言語に比べだいぶ後にはなるが、日本語には文語があり間違いなく日本のオリジナルである。現代ではあまり文語をつかう機会がないが、和歌、俳句などで矜持を持って文語体を使っていきたいものである。

あさ野

Asano Sotokanda

〒 101-0021
東京都千代田区外神田２丁目 11-7
電話：03-3251-3719

何枚も暖簾がある。そのうち、紗の暖簾には他では見ることが出来ない、裏が付いているのである。こちらだけの希少価値である。独特の陰が出来、見とれてしまう。

　こちらは幕末の頃学問の最高峰であった昌平坂学問所に近い。そのころ江戸には 800 軒とも 1200 軒とも云われる寺子屋（筆学所などと呼ばれていた）があり、子供たちはそこで読み書きそろばんを学んでいた。アジアはもちろん、ヨーロッパと比べても段違いの就学率である。男性の識字率は 80% 程度あったといわれている。パリ、ロンドンと比べても江戸の識字率が高いということは一般の町人の文化度が高いということになる。

Asano

They possess a number of Noren. Especially, the lined silk gauze Noren is something which you cannot find in other places. I feel drawn to it as it has a scarcity value.

This area is close to Shoheizaka-Gakumonjo(a shogunate school) which was the most prominent academia at the last days of the Tokugawa shogunate. At that time, there were from 800 to 1,200 schools of Terakoya (a private school, sometimes called Hitsugakisho). Children learnt how to read and write there. Literacy rate was much higher than the ones in Asia as well as Europe. Seemingly, male literacy rate was about 80%.

Kubota Sotokanda

久保田

〒 101-0021
東京都千代田区外神田 5 丁目 6-9
電話：03-3831-6082
https://www.unagi-kubota.jp/

神田 外神田

　少し道から入った所に外暖簾があり、撮るのに少し苦労する。夏は白、冬は緑の三巾の半暖簾である。女将に暖簾を撮りたいとお願いしたら、外の灯りまで案内された。それは扇を型どった灯りであり末広である。外神田という地名より、神田末広町という町名に愛着があると分かった。
　何回か伺い親しくなってから以下を提案申し上げた。土用は夏だけでなく、春秋冬にも 18 日間あり、その 18 日の間には必ず一度か二度丑の日がある。それで全国の蒲焼きを商いしているお店はこぞって各シーズン宣伝したら如何と。

Hanabusa Sotokanda

花ぶさ

〒101-0021
東京都千代田区外神田6丁目15-5
電話：03-3832-5387
http://kanda-hanabusa.com/

小さく花菱の紋の入る五巾の暖簾は三色あり、こちらでは門松の横の貼り紙にあるように正月のおせちも作る。しかも江戸の武家風おせちで、小分けにせず全部一緒に入っている。他の店ではやらない希少価値のお節料理である。和食は全て日本麹かび（アスペルギルス・オリゼ）を抜きにしては成り立たない。このかびは平安時代に種麹屋の室の中で突然変異によって毒を無くし、世界で唯一の麹かびとなった（桜の染井吉野が巣鴨の植木屋で江戸彼岸と大島桜の偶然の交配と思われる突然変異によって生まれたのに似ている）。この麹かびは醤油、酒、味噌、みりんなどの旨味を醸し出すことになり、日本麹かびで培われた日本の食文化が世界に羽ばたく基になった。

寿司政

Sushimasa Kudanminami

〒 102-0074
東京都千代田区九段南1丁目4-1
電話：03-3261-0621
http://www.sushimasa-t.com/

神田 九段南

この店は地下鉄九段下にあり、そこを反対側に出ればすぐ千鳥ヶ淵の桜の名所に続く。1955年頃には桜の咲く頃中学生が写生をしていたが、花見客などはいなかった。またここの桜の一本目は明治維新の頃活躍したアーネスト佐藤が英国大使館の中に植えたのが始まりである。アーネスト佐藤は今の桜の本数、花見に来る人の数を想像できなかったであろう。

　五巾の標準丈の暖簾であるが、冬も明るめのグレーが掛かる。神保町からまな板橋を渡り、九段坂の手前を左手に曲がるとある旧麹町区の昔風の寿司店である。それは「こはだ」のしめ具合で判る。塩分は多めである。

　ここの暖簾は夏は白、冬はグレーであるが、英語の国、EnglandではGreyと使い、AmericaではGrayと使う。Englandは「E」を好み、Americaは「A」を好む様で面白い。

神田 九段南

Azumaya Kudanminami

阿づ満や

〒102-0074
東京都千代田区九段南4丁目5-12
電話：03-3261-4178

　こちらの暖簾は先代の松本幸四郎の松葉を鰻に変えて作ったとのことで、独特である。また脇暖簾の左側のステンドグラスはドイツから入れたものである。

　それでドイツに関わる話。第一次世界大戦当時、徳島県の板東にいたドイツ人捕虜達は松江豊寿所長の元で結構自由に生活していたようだ。1918年にはベートーベン交響曲第九番、歓喜の歌を合唱付きで演奏した。これが第九が日本で演奏された最初であり、第二次世界大戦終盤から年末に演奏されるようになった。また広島の捕虜収容所のドイツ人捕虜から始まったバームクーヘンは今のユーハイムである。

Fujisoba Akihabaraten Hirakawacho

神田 平河町

| 名代 富士そば 秋葉原店 |

〒101-0027
東京都千代田区神田平河町 4-8-5
電話：03-6276-3525
https://fujisoba.co.jp/

それは四方どちらを見ても電車のガードが見えることである。南には中央線、西には総武線、北も総武線であり、東には山手線、京浜東北線と新幹線まで見える。世界でここだけではないか、この点からも世界の秋葉原といえる。

　三巾の暖簾の掛かるこちらはチェーン店であるが替わる。神田、上野、秋葉原、飯田橋、市ヶ谷、新橋など町を歩いていると駅に近い処にあり、皆同じ暖簾である。そして、各店みな替わる。一般的には6月にかわる夏の暖簾はここの各店では4月に替わる。
　秋葉原店の前の萬世橋交差点は世界に一つしかない交差点である。

暖簾は替わる

《暖簾は替わる》

　1960年代、紳士服地の輸入という仕事柄、私はイギリス、フランスそしてイタリアの各都市を訪れていた。

　ロンドンではボンドストリートやサビルロー、パリではフォーブルサントノーレ、ミラノではガレリア、ヴィア・モンテナポレオーネ、ヴェネチアでいえばサンマルコ広場からリアルト橋に至るヴィア・メルチェリア、ローマではヴィア・コンドッティあたりを夜中までウィンドのディスプレイを見て回っていた。ヨーロッパにはディスプレイだけでなく素晴らしい看板が多数ある。中でも一目で店の特徴を物語る袖看板には何度となく魅せられていた。

　2000年代初めまでは日本にはさしたる看板はないと思い込んでいた。ところが、2010年のある夜、神田の寿司店の三代目とカウンター越しに、「暖簾」を肴に盛り上がっていたら、今は季節によって暖簾を替える店はヴェネチアが沈んでいくようにどんどんなくなっており、今のうちに写真を撮り、記録に残しておくべきだという話になった。

　暖簾には夏と冬があり、季節により替わることは知ってはいたが、撮っているうちにその奥深さをあらためて再認識した。

　暖簾は単なる屋号を知らせる看板の働きの他に、季節により取り替えるという世界に類を見ないものであること。しかも武士、公家、貴族でもない、町人の知恵によって培ってきた日本の誇る文化の一つであること。それ故に世界的に見て特異な看板と言えること。

　6月1日に夏暖簾に替え、10月1日には冬暖簾に替える。これが、暖簾の基本的な決まりであり、制服などの衣替えと同じである。

　また暖簾の材質ついても東京では、夏は麻を使い、冬には木綿を使うことが多い。

　暖簾を替える店は呉服店、風呂屋などもあるが、今は寿司屋、蕎麦屋、天婦羅屋、割烹、鰻屋、焼き鳥屋などの食べ物屋がほとんどである。

　これは食べ物屋でも例外はあるものの純然たる和の伝統と云える。

　例外をあげると、洋食でいえば銀座の銀の塔、浅草のぱいちの二軒は替えるが、神田の松栄亭、人形町の芳味亭などの暖簾は替わらず、日本橋のたいめいけんには暖簾はない。ラーメン屋では荻窪の春木屋の一軒だけが替えている。

　中華、韓国料理店には暖簾はあっ

Seasonally changed Noren

暖簾は替わる

神田 須田町

ても替える処はない。とんかつ屋はどうかといえば、神田の万平、上野の蓬莱家、湯島の井泉と蘭亭ぽん多、目黒のとんきなどは替えている。暖簾からみると「とんかつ」は和食に入るのである。洋菓子屋となると銀座歌舞伎座の隣にある文明堂は夏・冬と替えているが、神田の近江屋には暖簾はなく、鎌倉に本店のある鳩サブレの豊島屋では暖簾はあるものの替えてはいない。

　鎌倉の暖簾探しで面白いことに気づいた。暖簾の文化からみると鎌倉は東京の飛地である。なぜならば鶴岡八幡宮の三の鳥居から鎌倉駅の間の近い距離に十軒もの暖簾の替わる店があるからである。

　一方、日本橋の大江戸、神田錦町の更科など三枚以上の暖簾を持つ店もある。三枚の場合はお正月に替えることが多く、それ以上ある処はいつ替えるのかはまちまちである。

　関西の暖簾と江戸暖簾とでははっきりとした違いがある。関西の暖簾は上の横バーに通すのに暖簾の上部を筒状にしてあり、江戸では何ヵ所か乳（ち）という輪を作りそこを通す。

　京都のお正月の暖簾は七割は麻であり、冬は殆どが木綿を使う東京とは明かに異なる。

　日本独自の暖簾文化をこの機会に世界の人々に知っていただくため、2020年の東京オリンピック、パラリンピックの開催に間に合うように、江戸の暖簾に絞り写真集として纏めることにした。

　ここでの対象は一つには暖簾の替わる店、即ち二枚以上あること。二つにはオリジナリティのあること、即ち既製品ではないこと。

　さらに歌舞伎の楽屋暖簾も面白いので対象に加えた（もちろん二枚あること）。歌舞伎界ではマネージャーのことを番頭と呼び、屋号があり、暖簾がある。

　これはお店（たな）と同じであり興味深い。

　暖簾を追いかけているといろいろのことが見えて来る。歴史的に捉えれば平安後期か鎌倉時代に暖簾が涼簾（のうれん・りょうれん）とともに中国から入って来た。初めはお寺で寒い風を避けるために使われており、室町時代に入ると商家は現在見られるような看板としての暖簾を掛けるようになった。【暖簾を替える】という習慣が始まったのは一般に木綿が使われるようになった江戸中期ということになるだろう。

Seasonally changed Noren

暖簾は替わる

いずれにしても、季節により暖簾を替えることは町の人の文化である。それを世界の人々に知っていただきたい。

そして常連のお客人には替わる暖簾を潜っていることに、喜びを感じていただきたい。

お店の人は暖簾を替えることに矜持を持っているが

《暖簾が替わりました、気がついて下さいましたか》

などと野暮なことは言わないのである。

暖簾は縦横のサイズに違いがあり、分類できる。

横の寸法では

幅が鯨尺の一尺（37.8cm）の反物から作るので34cm〜36cmを一巾として、三巾、五巾、七巾の奇数を多く見かけるが、二巾や四巾もある。

縦の寸法では

　55cm程の半暖簾

110cm程の通常の暖簾

160cm程の長暖簾

などである。

その他、軒先一杯に廻らされた《水引暖簾》や地面まで繋がった大きな《日除け暖簾》がある。

水引暖簾は夜でも仕舞わない、日除け暖簾は道幅の狭い京都では禁止されている。

今回対象にしている東京で暖簾の替わる店は600軒から700軒ぐらいはあると思われる。暖簾の替わる店の多い地域は神田、日本橋、人形町、浅草、銀座そして新橋など古くからある町である。そのような町では10軒に一軒程度暖簾の替わる店がある。そして提灯、杉玉、鬼灯、吊忍などは脇役として暖簾の近くに下がっており、季節の美しさを醸しだしている。

暖簾の写真は日没の遅い五月に冬を撮り六月に夏を撮るのがベストタイミングである。風の日と快晴の日は避け、曇り空や小雨模様の日をお奨めする。

多少横道に逸れるが、暖簾の説明とともに、日本文化に影響を与えた国々との関係等を書き加えてみた。

ここに書いてあることは口伝であり、聞き書きを基にしている。学術論文ではなく、道楽であることをご理解いただきたい。

　　　　　　　　　　鈴木進吾

日本橋
Nihonbashi

日本橋 Nihonbashi
日本橋室町
Nihonbashi Muromachi
日本橋本町
Nihonbashi Honcho
日本橋小舟町
Nihonbashi Kobunacho
日本橋蠣殻町
Nihonbashi Kakigaracho

日本橋人形町
Nihonbashi Ningyocho
日本橋小網町
Nihonbashi Koamicho
日本橋茅場町
Nihonbashi Kayabacho
日本橋小伝馬町
Nihonbashi Kodenmacho

Yabukyu Nihonbashi

やぶ久

〒103-0027
東京都中央区日本橋2丁目1-19
電話：03-3271-0829

今は2017年に出来た両国駅のすぐ隣にある江戸NORENに支店がある。12軒の和食の店の中で唯一暖簾の替わる店である。

三巾の長暖簾である。四種類あり、他にはない独特の二色とオーソドックスな色とがある。千代田区には神田だけの住所は無いが、中央区には日本橋だけの住所がある。それがここである。ここはこの辺りがまだよしの原だった頃からの老舗であるが、現在の東京の蕎麦屋でうどんでなくカレー蕎麦を豚と鶏から選べ、辛さは四種類あり、辛さにより値段が変わる。

Yabuizu Nihonbashi

薮伊豆 総本店

〒103-0027
東京都中央区日本橋3丁目15-7
電話：03-3242-1240
https://www.yabuizu-souhonten.com/

日本橋

田まつや等150軒ほどまわる、相撲の触れ太鼓が東京場所の初日の前日（土曜）にやって来る。日本の文化を大事にしている粋な店である。

やや広い道から門があり敷地もゆったりとしている。その奥に三巾の暖簾が掛かる。暖簾に商標登録と入っているのはここ以外は町屋の砂場、浅草の大黒屋と紀文寿司など数軒のみである。蕎麦を食べる前に何とも贅沢なアプローチであろうか。

蕎麦屋としては大型の本格的な店である。1階、2階、3階合わせると120人は入れる。その広さの為もあると思うが、こちらは落語に力を入れている店で毎月のように座敷寄席が行われる。そして神

Mitsukoshi Honten Muromachi

日本橋三越本店

〒 103-0022
東京都中央区日本橋室町 1 丁目 4-1
電話：03-3241-3311

日本橋 室町

ここは十一巾の長暖簾、日本橋地域で桜祭を始めた時から桜色の暖簾を掛けるようになり紺色と合わせると二つになった。地下も南口にも暖簾はあるが、やはりトラファルガー広場のを模したライオンのいる入口の暖簾が一番であり、素晴らしい。ライオンを左右に配した西洋と東洋の融合した格式を感じる。

ライオンのいるロンドンのトラファルガー広場のすぐそばにピカデリーがあり、そこには紅茶などで知られるフォートナム＆メイソンがある。ある時この店で蜂蜜を探していると、ラベルが上下反対に張ってあるビンを見つけた。レジに持っていき「なぜ、アップサイドダウンなのか」と尋ねるとモーニングを着た店員は即座に「オーストラリア人が貼ったんだよ」と返された。面白いので直ぐに購入した。（オーストラリアでは南が上になった地図を売っている）

Sunaba Muromachi

室町砂場

〒103-0022
東京都中央区日本橋室町4丁目1-13
電話：03-3241-4038

日本橋 室町

収書にそのように書きますかと返され、笑わせられた。

風に揺れる長暖簾は店頭の柳と調和がとれている。外暖簾は四色ありそれぞれの色に合わせた内暖簾が調理場との間に掛かる。内暖簾にはこちらの家紋抱き柏が描かれている。店頭の暖簾が替わるのは、およそ三月、六月、九月と十二月とのことである。こちらには鴨南蛮がないのは鶏南蛮に自信があるからと推察する。そして天もりはこちらが元祖であるが、ここには別製ざると呼ばれる更科蕎麦がある。砂場で更科を食べるのも一興ではないか。

　支払いの時5000円札をだし、樋口一葉さんでと言うと、女将に領

Kametomi Muromachi

亀とみ

〒103-0022
東京都中央区日本橋室町4丁目1-13
電話：03-3241-6505

日本橋室町

室町砂場の隣にある鰻屋でる。初夏には店頭のさつきが五巾の半暖簾を引き立てくれる。明治の始め開業当時は常磐小学校のそばにあり、亀屋という屋号で鰻の卸売りをしていたとのこと。そして、徐々に今の処に近付いてきたがいずれも住所は石町であった。また何代か前のとみ八氏が鰻店にしたのだそうで亀屋のとみ八だから「亀とみ」となったと七代目のご主人が話してくれた。

カツ丼、天丼、親子丼など丼ぶりものは数々あるが、その中で一番初めに出来たのは鰻丼である。蒲焼きが冷めない様にと日本橋の芝居小屋で始まったと言われている。

RIkyuan Muromachi

利久庵

〒 103-0022
東京都中央区日本橋室町 1 丁目 12-16
電話：050-3490-7677
http://www.rikyu-an.com/

日本橋 室町

の動く歩道からロンドンをまねて右側に留まることにしたようだ。もっとも現在はエスカレーターは歩かないで左右に関わらず掴まることを勧めている。

五巾の半暖簾であるが、出入り口である引き戸を客が開けっぱなしで帰っても大丈夫である。レジに座っている若主人が紐を引けば戸は閉まる仕掛けがあるから。一方こちらの鴨南蛮には千寿葱が使われており、力を入れているのがわかる。

江戸の頃この道は賑わっており、町人だけでなく武士も多く歩いてた。江戸は武士の町とも言える。そこで刀の鞘と鞘がぶつからないですむように左側を歩くことになった。今でも東京はエスカレーターに乗り留まるのは左である。一方関西では 1970 年の大阪万博

Shigenozushi Honcho

繁乃鮨

〒 103-0023
東京都中央区日本橋本町1丁目4-13
電話：03-3241-3586
https://www.shigenozushi.tokyo/

宮内庁に納めている。2018年に築地から豊洲へ移転した魚河岸が、まだ日本橋にあった明治始めからの宮内庁御用達である。

寿司店を始めたのは先々代であり、昭和の初めとのことである。また大女将が呵責くとして店にいるのが心強い。

Shigenozushi

This restaurant has a summer Noren made of pale beige hemp cloth and a winter Noren made of navy blue cotton cloth. Moreover, this place (actually another corporate body) has been delivering some fish to the Imperial Household Agency every morning for the purpose of ceremonial use.

ここの暖簾は以前は江戸で一番堅いと思っていたが、生なりの麻暖簾を見たとき粋と柔らかさを初めて感じた。

現在夏の暖簾は麻の白で冬暖簾は木綿の紺色である。

こちらは、住所にも高根屋ビルとあるように、高根屋として、毎朝天皇が(侍従が代理で行うこともあるそうだ)神事を執り行うときに使う魚を

日本橋更科丸屋

Sarashina Maruya Honcho

〒 103-0023
東京都中央区日本橋本町 1 丁目 4-15
電話：03-3279-3252

日本橋 本町

は口もスプーンなども一切音を立てない」
と云う日本と西欧の両方のマナー（文化）を身につけることは国際社会で生きていこうとするとき大事なことである。

日本橋本町の横丁にある蕎麦屋であるが、暖簾の美しさは大きい店に負けてない。五巾のまん中に蕎麦と入れた冬のえんじ、夏の白と薄紫ともにすっきりしている。聞くところによると、先代が新潟から出てきてこの地に店を構えた最初は夏の白と冬のえんじ色の二色であったが、しばらくすると白が汚れるのが早いと分かり代えに薄紫を作ったとのことである。
　ここでマナーについて一言、「蕎麦は音を立てて啜り、噛む時は口をつむって音を立てない、スープ

Oedo Honcho

うなぎ割烹 大江戸

〒 103-0023
東京都中央区日本橋本町4丁目7-10
電話：03-3241-3838
https://oedo.gorp.jp/

日本橋 本町

あまり素晴らしいので、ご主人にお会いしたくなった。以下は九代目のご主人の話である。①母から暖簾に費用が掛けるのは当たり前のことと言われていた。②今の暖簾は京都で作っている。③内暖簾は四季で替えている(店内の通路と四人がけの六、七ある小部屋を分ける)④最近創った看板の材木は屋久杉である。⑤江戸時代最古の鰻屋番付があり、その中で現存する店は赤坂の重箱、外神田の神田川とこちらの三軒だけが載っている(番付の本物を見せて頂いた)。⑥神田川と同じように昔はこの店にも風呂があり、客は湯には入った後ゆっくりと鰻を食べた。⑦徳

東京の暖簾を語るとき、ここを外すわけにはいかない。何枚も替わる。白地に竹、松、枯れ尾花、大名行列、欄干、ブルーの水流、紺地に大江戸の文字等々、凝った暖簾は替わるたび感動すらしてしまう。

Oedo Honcho

日本橋 本町

川五代将軍の生類憐れみの令には江戸前の鰻を商いする者達は困ったが、なぜか穴子は禁止されていなかったため穴子だと言って売っていた者もいた。

　以上のような事を伺い楽しい時間を頂戴したが、一つだけお願いして大江戸の暖簾を後にした。

　日本橋は現在(2018年11月)「未来ののれん」と銘打って大々的に街の活性を計っているが、「のれんは季節により替わる」と言うことを是非お勧め頂きたい。

Tanukizushi Kobunacho

たぬき鮨

〒 103-0024
東京都中央区日本橋小舟町 9-12
電話：03-3661-1939
https://www.tanukizushi.jp/

日本橋 小舟町

裏口ののれん

　五巾の暖簾には狸が描かれているが、店の前には首を右に傾けた狸がいる。狸寿司の前に2台の自転車があるが、右側にしゅろ竹左側には観音竹を配した陶器の狸を撮るために暫しお隣に移動して貰う。店内の片隅にも首を左に傾けた小さな陶器の狸が置いてある。

　なんとも楽しい。奥には海亀の剥製が置いてあるが、その先には裏口があり、路地になっている。足元に羊歯を配した半間より狭い入口にも五巾の暖簾が掛かっている。勿論こちらにも狸が描かれている。表と裏の入口を持ち、それぞれに暖簾の掛かっている店は他にない。

上下とも、旧のれん

Funazushi Kobunacho

日本橋 舟寿し

〒103-0024
東京都中央区 日本橋小舟町 11 番 2 号
電話：03-3661-4569
http://www.funazushi.info/

日本橋 小舟町

は鱚は塩と柚ででてくる。

　にきり醤油は使ってないそうだ。こちらの暖簾は夏の白、冬の紺とも木綿である。そこで一言、木綿が日本に入って来た時代は、絹とは比べ物にならない位高価だったそうだ。

　夏冬ともに五巾暖簾であり、日除け暖簾も替わる。昭和26年に先代がここで始めた時から暖簾は夏と冬替えているとのこと。店を出る時は若女将が店の外まで送ってくれ、西日でこんなに焼けてしまったと日除け暖簾を見せてくれた。暖簾に矜持を持っているのがよくわかった。こちら

Ukifune Kobunacho

浮舟

〒 103-0024
東京都中央区日本橋小舟町 15-16 1F
ドエル小舟町
電話：03-3668-4238

写真を取り始めた 2010 年頃、ここの先染めの橙色の暖簾に魅せられ、暫し眺めていた。お店の人に尋ねてみると、だいぶ痛んだのでしまってはあるが、新しい物に変えたと教えてくれた。間違いなく東京で 3 本の指に入る暖簾であった。新しい暖簾はといえば夏は白に、冬は紺に代りどちらにも丸に澤瀉（おもだか）紋が入っている。

外に止まっているスクーターにも同じ家紋のシールが貼ってある。ここの辺りの道は以前水路であったのか尋ねるとこちらのビルを建てる時は出なかったがとなりの西鉄インを建てた時には堀割が出て来たと教えてくれた。やはりこの辺りは堀が巡らされていたのがわかった。こちらの屋号のことであるが、紫式部の源氏物語は一帳の桐壺から始まり、五十四帳の夢浮橋まであるが、その内の五十一帳が「浮舟」である。浮舟は東国の出であり、インテリジェンスに欠けると言われたりもするが、源氏物語の中で 26 首と最も和歌を詠んだ女性である。一方、ドナルド・キーンが日本に帰化した遠因となったのは源氏物語の英語版、the Tale of Genji であり Arthur Waley の訳である。Waley は日本文学を世界的地位に押し上げてくれた恩人といえる。

  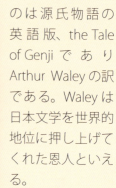

Miyakosushi Kakigaracho

都寿司

〒 103-0014
東京都中央区日本橋蛎殻町1丁目6-5
電話：03-3666-3851

日本橋 蛎殻町

ここは五巾の暖簾は何枚もある。桜の時期にこちらに入れたのは幸いであった。暖簾の替わる店だけを撮らせて貰っていると話すと、逆に感謝された。こちらの茶の暖簾は一筆書のように「みやこ」という平仮名と都鳥が描かれている。
/桜は平安時代(万葉集では一番多く出てくる)から日本人の一番好きな花になった。それまでどうだったかと云えば、奈良時代の古今和

歌集に一番多く出てくる花は萩であった。現在、桜といえば江戸彼岸と大島桜を親に持つ染井吉野であり、正に日本中で謳歌(桜花？)されてるが、全て同じ遺伝子を持つクローンである。生物としての危険性を感じる。

Tenoto Kakigaracho

天音

〒 103-0014
東京都中央区日本橋蛎殻町 1 丁目 13-2
電話：03-3666-0639
http://tenoto.info/

　五巾の半暖簾、夏は白、冬は紺であるが、どちらも魅力的である。油について、胡麻が 30 かとたずぬれば 100 だといわれ納得す。品質の良い胡麻油の匂いは控えめなり。ここのご主人には潜水艦が通じた。それは何かといえば、上 (ジョウ) でなく、並でもない、並 (波) の下だから潜水艦。ご主人はこの仕事で覚えたのではなく、学生時代に覚えたと言った。これはメニューにない価格、一番安いという暗号である (しかしこれはジョークで、この店に潜水艦というメニューは裏にもないのでご注意あれ)。

Uokyu Ningyocho

京粕漬 魚久 本店

〒103-0013
東京都中央区日本橋人形町1丁目1-20
電話：03-5695-4121
https://www.uokyu.co.jp/

日本橋 人形町

　本店のあじみせ
　魚久は元々が料理を出す店であった。本店の左側から二階に上がると「あじみせ」と暖簾が掛かっており、そこで食事ができる。カウンターとテーブルがあり、混みあっている。また銀座店にも「あじみせ」はあり、昼の時間だけ開けている。

　こちらは暖簾に関しては真剣に考えていることがわかる。こちらの経営者には頭の下がる。各支店すべて暖簾にそこの地名の支店名が入っている。人形町店、渋谷店、銀座店など全てである。このような暖簾に対する姿勢は他に類をみない。これは先代の女将が決めたことと聞く。

Tasukezushi Ningyocho

多助寿司

〒103-0013
東京都中央区日本橋人形町1丁目4-10
人形町センタービル1F
電話：03-3666-3724

は6色というらしい、メキシコのチャムラ族では3色と答える。ここまでは言語の問題であるが、1色の虹がある。それは運がよければ夏の尾瀬で数分だけ視られる真っ白の虹である。雨粒に光が当たれば、屈折で多色になるが、尾瀬では小さな霧粒で屈折するため白一色の虹になる。

丸に覗き木瓜がそれぞれの色の暖簾に入っているが、この内夏暖簾は2017年新たに薄いブルーが加わり今まで以上に灯りに映えている。パステル調のこの暖簾を見ると虹を連想してしまう。

日本の子供に虹は何色か聞いてみると、七色と答える。英語圏で

Otazushi Ningyocho

太田鮨

〒103-0013
東京都中央区日本橋人形町1丁目5-2
電話：03-3666-6415

日本橋　人形町

住所表示が昔は芳町で、今は人形町のこちらの暖簾は五巾の半暖簾。植木に多少隠れながら寿司屋を主張している。ここは箸が出ないので関西の方はご注意あれ、欲しいと云えば出してくれるが。

　お江戸で太田と言えば太田道灌である。江戸城を造った武将ということ、それに「七重八重花は咲けども山吹の実の一つだに無きぞ悲しき」という歌で知られているが、実はこの歌は醍醐天皇の皇子、賢明親王の「ななへやへはなはさけともやまふきのみのひとつたになきそあやしき」がオリジナルなのだ。

Aoki　Ningyocho

あをき

〒 103-0013
東京都中央区日本橋人形町 1 丁目 11-8
電話：03-3666-0820

ここの暖簾を見たとき気が付いた。

ブルーと白の暖簾は国際信号旗の「A」の配色と同じである。

一方「あをき」という店名に古さを感じてしまい調べてみた。どうも竹林の七賢の一人、晋の阮籍がお気に入りの人間が来ると青(あを)い目をして迎えたという故事から、お客さんをあをき目で迎えるという意味でこの店名を附けたのではないか (一方、気に入らないものには白い目で見たというのが、白眼視の由来であるが)。

こちらはふぐの店である。東京ではふぐの肝は食べることはできない。どうしても食べたい方は大分に行って頂きたい。この県以外は県条例で禁止されている。

Toshimaya Ningyocho

そば東嶋屋

〒103-0013
東京都中央区日本橋人形町2丁目4-9
電話：03-3666-6964

日本橋 人形町

は使わない暖簾もあるそうだ（それを入れると6枚ある）こちらの女将は人形町のことを色々聞かせてくれる。ここの店は夕方になると一人の女性客が多いことに気付き、「東嶋屋さんは相席はしないのですね」と聞くと、「そうです、お昼以外は相席にならないようにしてます」と答えられた。酒飲みと一緒のテーブルにならず、女性客がゆっくり食べることができるということであろう。

こちらは蕎麦屋であるが人形町では暖簾の数は一番多い。その中には電話番号の局番が古いので今

Hiyama Ningyocho

すき焼割烹 日山

〒 103-0013
東京都中央区日本橋人形町2丁目5-1
電話：03-3666-2901
https://hiyama-gr.com/sukiyaki/

日本橋 人形町

　右側がお店で左側にすき焼割烹の二階へ上がる入口がある。その玄関前には七巾の半暖簾が掛けてある。この暖簾の右すみには牛が描かれている。(最近できた紺の暖簾には丑の絵はない)またこちらには日除け暖簾があるが、各月末の金曜日と土曜日は売り出しで客が並ぶのに邪魔になるため奥に仕舞ったりする。最近すぐ横にはいった所にステーキの店を出したが、暖簾が替わるかどうかはまだ分からない。それともう一つ、人形町を歩いていると日山の車をが止まっているのをよく見掛ける。あちこちに配達しているということであろう。

㐂寿司

〒103-0013
東京都中央区日本橋人形町2丁目7-13
電話：03-3666-1682

こちらは五巾に店名が入っている半暖簾を4枚撮った。しかし、なぜか2017年頃から文字のない無地の暖簾が掛かるようになってしまった。緑色と黄色の麻ではあるが、無地である。それで2019年の2月に意を決して店にはいり、なぜ無地になってしまったかを質問してみた。帰ってきた答は文字を入れる職人がいなくなってしまい、仕方なく麻の無地にしたとのことであった。一人前食べた後に何とも気になる札が目に入った。それは「おぼろ」である。聞いてみるとおぼろを握るという。ただの握りと和菓子のように握るのとどちらにするかと聞かれ、後者を頼むとおぼろのまん中に卵の黄身で作ったおぼろをあしらい椿の花のような芸術作品を出された。さすが昔はこのあたりが花町であっただけのことはある。

Ningyocho Imahan Ningyocho

人形町今半
人形町本店

〒 103-0013
東京都中央区日本橋人形町 2 丁目 9-12
電話：03-3666-7006

日本橋 人形町

　今は経営は別であるが、浅草今半とは元々は同じである。こちらの暖簾には油断していて騙された。夏も冬も紺色で一年中替わらないと思っていた。ところが2016年夏に念のため近づいて確認すると、麻であった。冬は木綿であるのは分かっていたので、やられたと思った。そして、2016年の冬(10月)から新たな暖簾が掛かった。この本店の建物自体に名前が付いたのだ。冬の紺色の暖簾にはその名、喜扇亭が右側に入り、左側には人形町今半と入った。つぎの夏には麻暖簾でやはり喜扇亭と入った。
　いずれも七巾の立派な暖簾である。

Shoyeido Ningyocho

松栄堂

〒103-0013
東京都中央区日本橋人形町 2-12-2
電話：03-3664-2307
https://www.shoyeido.co.jp/

日本橋 人形町

　こちらは三巾の長暖簾であり、夏冬とも品の良い暖簾である。中心に香と入っている。本店は京都にある香りの老舗。
　五感の中で現代人が使っているのは見ること、聞くことが大半であり、味わうこと、触ることと同時に嗅ぐことは非常に少ない。嗅ぐという感性を忘れることは勿体ない。3月の沈丁花、6月の梔子それと9月の金木犀はそんな中でもなんとか都会におても感性を衰えさせない。しかし、意識しないとなかなか発達させるところまではいかない。現代社会では香を聞くことは大事なことではないか。

松浪 Matsunami Ningyocho

〒103-0013
東京都中央区日本橋人形町2丁目25-6
電話：03-3666-7773

日本橋　人形町

こちらは2017年に改装し、立派な玄関になった。格子戸の向こうの暖簾は丸に覗き鷹ノ羽がちらりと見えて正に和の世界が演出されている。何度行ってもこちらの佇まいは素晴らしい。

松浪にちなみ、神奈川沖浪裏。ヨーロッパの印象派クロード・モネやポール・セザンヌに強い影響を与えたのは北斎の絵の中に動きがあることである。(一般的には36景と言われているが、評判が良く46景になり、100足され146景となった)富岳の絵の一つ「神奈川沖浪裏」ももちろん動きがあり、彼等からすれば、真実を読み取る事ができたのであろう。

また、この絵よりも前に作られ、北斎も見たと思われるこの絵にそっくりな彫刻が千葉のある寺に保管されているという、是非見たいものだ。

梅田

〒 103-0013
東京都中央区日本橋人形町3丁目 4-2
電話：03-3661-0160

　人形町の鰻店である。なんとも偶然に撮れたのがこちらの暖簾である。夕刻に暖簾を撮ろうと構えた時、こちらのご主人は暖簾を店の内側に掛け直し、灯りは消さず自転車で出掛けてまった。仕方なく撮ったのがこの写真である。それにも関わらず、店の中の鰻が生きている、暖簾に描かれた鰻が生きている。また店に入ると1階にも2階にも鰻が「梅田」と書いてある札を咥えている内暖簾があり、実に楽しい。親しくなってからであるが、ご主人は「屋台でないのは鰻だけ」という言葉があると教えてくれた。寿司、天麩羅、蕎麦は屋台から始まったが、鰻屋は違うということだ

Unagi Kiyokawa Koamicho

うなぎ喜代川

〒 103-0016
東京都中央区日本橋小網町 10-5
電話：03-3666-3197
https://www.unagi-kiyokawa.com/

　鰻店であるが、料亭と思える佇まい。二つある暖簾の内右側を潜ると椅子席である。左側を潜ると以前からある座敷が待ち構えている。こちらのご主人、建物を壊して建て直したほうが、安く付くというのに、古い木造の家屋をなおして、椅子席を作った。流石お江戸の老舗である。ここは兜町に隣接しており、日本の景気のバロメーターのようなお店である。景気が良ければ込み合い、悪ければ閑古鳥が鳴くことは想像できる。こちらは景気の悪いときのノウハウをしっかり持っていそうである。その辺りを伺いたいものだ。

Mikawa Kayabacho

みかわ 茅場町店

〒 103-0025
東京都中央区日本橋茅場町 3 丁目 4-7
電話：03-3664-9843

小さな三巾の暖簾の店であるが、先代は海老の中心部分は 45 度がベストであるという、15 秒で海老の芯の半なまが消えてしまい甘味も消えてしまうので出されたらすぐ食べて欲しいという。揚げている時は真剣勝負ということだ。一方紅茶は 95 度がベストである。沸騰する寸前が茶葉のジャンピングが最大となり、味が絶好調となる。時間がたつとタンニンがでて、にがくなる。油によること、水によることはあると思うが、どちらも温度と時間が大事ということか。

Mikawa, Kayabacho

The late head of this tempura restaurant says that the ideal temperature for prawn is forty-five degrees. He recommends us to eat it as quickly as possible because the sweet taste goes away as semi-fried central part of a prawn also gets disappeared within 15 seconds. On the other hand, the ideal temperature for black tea is ninety-five degrees. Nearly boiled water will induce the highest jumping of the dry leaves. Anyhow, they both seriously take temperatures into consideration.

Kinsan Kodenmacho

鰻料理 近三

〒 103-0001
東京都中央区日本橋小伝馬町 15-16
電話：03-3661-6367

日本橋 小伝馬町

うなぎ料理の店である。江戸通りに鰻の幟が二本たった横丁を曲がると三巾の普通丈の暖簾が飛び込んでくる。ご主人によると、屋号の「近三」はそれまで蚊帳の商いをしていた初代の松木三治郎が近江から明治2年にこちらに来て創業し、その時に、近江の近と三治郎の三をとり、命名したとのことである。サッカーのうるさ方松木安太郎とこちらのご主人は従兄弟で同級である。

若かりし頃の安太郎の写真があり、三浦知良の YOMIURI VERDY 11 番の付いたユニフォームとファイターズの栗山監督から贈られたユニフォームが飾ってある。

Kinsan, Unagi restaurant

This place has regular sized Noren, white one for summer and dark red for winter. You can see it as soon as entering an alley. Master of this restaurant is a cousin as well as a classmate of a fussy football expert, Matsuki Yasutaro.

上野
Ueno

上野 Ueno 　　日本堤 Nihonzutsumi
東上野 Higashiueno 　根岸 Negishi
下谷 Shitaya 　　谷中 Yanaka

浅草
Asakusa

浅草 Asakusa 　　駒形 Komagata
雷門 Kaminarimon 　浅草橋 Asakusabashi
西浅草 Nishiasakusa 　柳橋 Yanagibashi

●

墨田区両国 Ryogoku 　荒川区東日暮里 Higashinippori
墨田区亀沢 Kamezawa
江東区森下 Morishita 　荒川区南千住 Minamisenju
江東区常磐 Tokiwa

Usagiya Ueno

うさぎやCAFÉ

〒110-0005
東京都台東区上野1丁目17-5
電話：03-6240-1561
http://usagiya-cafe.com/

は2015年に黒門町にカフェをオープンする。そちらに夏と冬の暖簾を掛けますと言ってくれた。その約束を守り夏冬とも掛けてくれた。また店内から窓を見ると丸窓が二つある。片方が十五夜でもう一方が少し小さい十三夜の月をイメージしている。兎と月、なんと洒落ているではないか。

こちらの本店はビルになる前は暖簾は替えていた。いまは屋根の上に兎は鎮座しているが暖簾は替えないのかとご主人に尋ねると、ご主人

Domyo Ueno

| 有職組紐 道明 |

〒110-0005
東京都台東区上野2丁目11-1
電話：03-3831-3773
http://www.kdomyo.com/

ンで組紐教室を開いているが、そこの最上階からは不忍池と上野の山が一望できる。維新のころ江戸城開城後にこの山へ大砲が打ち込まれたことを思うと、なぜそこに西郷さんの銅像が建てられたのか調べてみたくなる。

上野・浅草 上野

　御組紐司と書かれた暖簾は格調が高い。組紐の老舗、江戸の絵画などの色を現代に継承している貴重な店である。道明の色名(和名)は1000を越える。鉄紺とミッドナイトブルーは違うので色で洋の東西を比べるのも一興ではないか。2016年ビルが完成したときから今の暖簾が掛けられている。
　また、池之端に面したマンショ

Tensuzu Ueno

天寿々

〒110-0005
東京都台東区上野2丁目6-7
電話：03-3831-6360

　こちらは上野でも気にしたい天麩羅屋である。まん中に店名の鈴が少々右にはみだして描かれている、五巾の半暖簾である。

　鈴といえば、本居宣長は鈴を収集するほど好きだったようだ。日本人はオリジナルの日本文化を本居宣長がでる18世紀まで強くは意識していなかったと思われる。大和心を意識するようになったのはこの時期からであろう。それまではある意味中国の中原から離れた田舎としての文化の中に生きていたのである。

Horaiya Ueno

蓬莱屋

〒110-0005
東京都台東区上野3丁目28-5
電話：03-3831-5783
http://www.ueno-horaiya.com/

上野・浅草 上野

　中央通りから見て、上野松坂屋の裏、東にあり東京では知られたとんかつ屋である。こちらの暖簾はまん中の三巾に屋号が書かれ、左右の一枚は無地である。一方こちらのメニューにはヒレカツ定食はあってもロース定食はなかったのでご注意あれ。

　この店に近い上野松坂屋、三越本店と帝国ホテルには共通点があることである。明治以降、欧州の文化を吸収すべく、英国のグランドフロアに一階を合わせて中二階を設けたのである（戦後は、アメリカの文化が入り、アメリカは、グランドフロアと1階は同じであるので、中二階形式の建物はなくなった）。

Ueno Yabusoba Ueno

上野藪蕎麦

〒110-0005
東京都台東区上野6丁目9-16
電話：03-3831-4728

　こちらは「団子より坂に名高き手打そば」とうたわれた駒込団子坂の蕎麦屋から始まったのが神田連雀町の藪そば（神田藪は明治には暖簾があったと聞いているが今はない）であるが、そこからの唯一の暖簾分けの店がこちら上野藪蕎麦である。こちらの店は上野駅に近く人通りの多い角店である。紺色が麻で夏、青色が木綿で冬物である。こちらは店内のお客さんと通行人を入れずに写真を撮るのは難しく、根気が必要となる。店内は右側にカウンター席があり、左側はテーブル席になっているが、ゆったりしている。

Hyakumangoku Higashiueno

百万石

〒110-0015
東京都台東区東上野２丁目 11-5
電話：03-3835-0487
https://hyakumangoku-ueno.owst.jp/

1985 年頃まで神田駅北口近くにあり正月は２日から開けていた真面目な寿司屋であった。

　その頃、神田のこの店でしめる前のこはだを無理に食べさせてもらった。非常に不味かったが、絞めてから暫く立たないと食べられる魚にはならないということ、そして美味しく食べる方法を分かっていた江戸の職人の技術の凄さを思い知らされた。

　上野で百万石が営業していると聞き、土曜日の昼に寄ってみた。ご主人も神田にいたこともあり、直ぐに打ち解けた。暖簾は夏冬ともまん中に図案化された鮨の字がありアイキャッチになっている。すっきりした三巾の半暖簾と左右の植木が入口を引き立てている。

上野・浅草・東上野

Nodaya Shitaya

入谷鬼子母神門前
のだや

〒110-0004
東京都台東区下谷2丁目3-1
電話：03-3874-1855

上野・浅草 下谷

　入谷鬼子母神（きしぼじんではなく、きし「も」じん）の門前にある鰻店である。うなぎの産地とともに焼き手の名前が書いてある。鰻は焼きがいかに大事であるかということを物語っている。
　暖簾は白、緑とどちらも三巾の標準丈であるが、竿の通しかたは関西風である。
　入谷鬼子母神境内で朝顔市があり、毎年7月の初めに3日間早朝から行われる。この市で朝顔の鉢を手にして、江戸の下町の人々は夏が来たと思うのである。最近ではフォトコンテストまで始めたようだ。

Dotenoiseya Nihonzutsumi

土手の伊勢屋

〒111-0021
東京都台東区日本堤1丁目9-2
電話：03-3872-4886
http://www.doteiseya.jp/

天丼のお店である。六巾のまん中の二枚に丸に天の字が目立つ。この辺は風が強いとみえ、夏暖簾はびりびりに破けていた。（今は夏暖簾は新調されている）またここの建物は有形文化財でもあり、人が並んでいると映える。

こちらは何時行っても行列ができており、人、特にお客さんを撮る訳にはいかないので、古きよき建物の全体を入れて暖簾を撮ることができない。言い訳は、銀座の「すきやばし次郎」の暖簾を撮ろうと構えたら、「do not take a photo, please」と貼紙がしてある。何故かと問えば、「お客さんが写るのは困る」とのこと。ごもっともと納得し、それまで撮った写真で人が写っている物は全て撮り直した。仕方がない建物が写らなくても、土手の伊勢屋の切れた夏暖簾は捨てがたい。それで175軒の中に入れた。

暖簾が破れた店は6〜7軒は見たが、翌年には全ての店で新しい物が掛かっていた。

上野・浅草 日本堤

Sasanoyuki Negishi

笹乃雪

〒 110-0003
東京都台東区根岸２丁目 15-10
電話：03-3873-1145
http://www.sasanoyuki.com/

　元禄時代からの店であり、西に武蔵野台地を背負い豆腐には大事な良質の清水が湧いている。店の前の歩道橋から見ると玄関周りがよく見える。そして、五巾の暖簾を潜ると今は少なくなった下足番が迎えてくれる。下足番がいるのは神田のぼたん、いせ源、森下のみの家ぐらいである。こちらに正岡子規は入り浸りとまではないが、しばしば来ていたようだ。
　そして

「朝顔の入谷根岸のささの雪」
「うつくしき根岸の春やささの雪」
「朝顔に朝商いすささの雪」
　等の俳句を残している。

Noike Yanaka

| すし 乃池 | 〒110-0001
東京都台東区谷中3丁目2-3
電話：03-3821-3922
http://www.sushi-noike.com/ |

上野・浅草 谷中

　夏冬とも五巾の半暖簾であるこちらは、何と言っても穴子鮨である。穴子は梅雨どきが一番多くとれるが通年ある。各季節食べ比べてみるのも一興であろう。

　こちらは谷中であり谷根千と湯島の暖簾の替わる店を書いておく。根津のそば処の朝日と福よし、湯島の寿司処季の下、鮨いづ、一心、天麩羅の天庄、とんかつの井泉、甘味処つるせはあげておかねばなるまい。

Aoi-marushin Asakusa

葵丸進

〒111-0032
東京都台東区浅草1丁目4-4
電話：03-3841-0110
http://www.aoi-marushin.co.jpl

雷門通りに面しており、赤、紺、白、緑と替わる長暖簾は壮観である。しかし、人通りも多く、客の出入りも多い店であり、写真を撮るには時間がかかる。2018年にはぐるりと水引暖簾を掛けたのは暖簾に力を入れている証拠。水引暖簾は夜も仕舞わなくて良いのでシャッターの降りているところも撮っておいた。天婦羅がメインであるが、懐石料理などの和食の店。7階まで椅子席個室、畳の部屋などあるが、立地の良さから団体の客も多い。また車椅子も利用可である。

Yoitora Asakusa

酔い虎 浅草

〒 111-0032
東京都台東区浅草 1-4-10
電話：03-3841-1576

上野・浅草 浅草

　ここの暖簾は何回も訪れて撮った。「酔い虎」という、名前のせいか、周りとのバランスの良さからか、なぜか引き付けられる暖簾である。

　浅草には暖簾の替わる店が多いのでここに写真を載せてない店をあげてみる。蕎麦屋以外では浅草すし清、三松、金寿司、寿司初総本店、三岩、三定、江戸定、飛松、竹庵、小野屋、志婦や、水喜、寿（鷹匠）、川松本店、別館、とりたつ、べんがら、たつみ屋、や万、ちんや等がある。

Yakko Asakusa

うなぎ やっこ

〒111-0032
東京都台東区浅草1丁目10-2
電話：03-3841-9886
http://www.asakusa-unagi.com/

　夏、冬ともに珍しい六巾の半暖簾が看板に少々隠れたり、前に出たりと写真はちと撮りにくい。まん中に奴の紋が入っている。入店すると正に大正ロマンの世界になる。種々の設え特にステンドグラスは一見に値する。一方うなぎのたれは今風に流されず甘くなく昔ながらの江戸の味である。さすが「江戸前の鰻」をうたっているお店だけのことはある。江戸期は相撲だけでなく、グルメなどの番付が結構持て囃されていたが、こちらは「江戸大蒲焼番付」の前頭筆頭に書いてある。店内にはやっこ凧が飾られているが、広げた袖にはやっこの紋が入っている。

Paichi Asakusa

ぱいち

〒 111-0032
東京都台東区浅草 1 丁目 15-1
電話：03-3844-1363

　こちらは洋食屋であるが、暖簾は替わる。1930 年頃までは小料理屋であった。店名の「ぱいち」はいっぱいをひっくり返して付けたとのこと。

　洋食屋ということで、ひとこと。日本語では動物は豚で食べる時に豚肉と動物の名前が入っている。しかし、英語では動物の名前は pig で食べる時は pork である。別の単語を使うので、生き物とは意識しないで食べているのではないか。また日本人の感性は野生と食べるために飼っている動物とは区別していないのではないか。

Kibun Sushi Asakusa

紀文寿司

〒111-0032
東京都台東区浅草1丁目17-10
電話：03-3841-0984

　暖簾は二面に掛かっているが、左は五巾、右は六巾の暖簾である。現在屋号が右から書いている寿司屋の暖簾はここだけである。しばし、見入ってしまう。
　創業は明治時代でありこの暖簾は幾多の災難を乗り越えてきたことであろう。そこでこんな話は如何、第二次大戦の末期に国は「贅沢は敵だ」という標語で節約を促した。これに対し町の人は「敵」の前に「素」を入れて「贅沢は素敵だ」とした。そして「足らぬ足らぬは工夫が足らぬ」の「工夫」の「工」を消して「夫」だけにして、「足らぬ足らぬは夫が足らぬ」にしてしまった。なんと命懸けの悪戯書きではないか。浅草出身の柄井川柳にも見せたかった。

Kaminarimon Tagawa Asakusa

雷門 田川

〒111-0032
東京都台東区 浅草1丁目18-3
電話：03-3841-5657

雷門の近くの暖簾が三枚ある蕎麦処。小格子の戸、鬼灯、提灯などと暖簾は地味ながらマッチしている。紺と白は以前からあるが、新しい緑色の暖簾は柄が違う。こちらの店に入り、おたくは暖簾が三枚あって、ここ一年半は緑ばかりが掛いていると話すと、若女将はびっくりして、「暖簾の替わるのを見ていてくれてたんですか」と喜んでくれたので多分もう一枚作ると思う、作ってほしい。

　浅草の蕎麦屋で暖簾の替わる店は、丸留賀、弁天、浅草尾張屋本店、同支店、つるや、やぶ茂、二天門やぶ、十和田、翁そばなどがある。

上野・浅草 浅草

Sankaku Asakusa

三角

〒111-0032
東京都台東区浅草1-20-7
電話：03-3841-7650

ちらも二面に暖簾が掛かり行き交う人と四枚の暖簾はこの辻でしか見られない。

　ここの四ツ角はやや広いこともあり、外国人がどちらに行こうか、迷っている姿をよく見かける。

　冬料理の代表格ふぐの店であるが、夏暖簾の方がお江戸の趣がある。麻の暖簾を中心に釣り忍ぶ、鬼灯、風鈴を飾り季節を演出している。右から書かれた三角の暖簾は三と角の字は二つの巾に跨がり、切れ字という手法で作られている。紀文寿司の斜め向かいにある。こ

Morigin Asakusa

もり銀

〒 111-0032
東京都台東区浅草1丁目 29-6
電話：03-3844-8821
https://www.asakusamorigin.com/

銀細工やカトラリーの店であるが、このような業種で暖簾が替わるとは驚きである。こちらは三巾の半暖簾で、和洋折衷の美を醸し出している。暖簾越しに見える丸窓が何とも珍しい。こちらは昭和2年森善之助が創業したとのことである。ロンドンにはギャラードという目立たないが素晴らしい店があるが、是非格調高いカトラリーの店に成長して貰いたい。

上野・浅草 浅草

Yagenbori Metro Shop Asakusa

やげん堀 メトロ店

〒 111-0032
東京都台東区浅草1丁目 32-13
電話: 03-5806-7716
http://yagenbori.jp/

　ここの暖簾と周りの雰囲気はどこか幻想的である。夏冬ともに怪しげな魅力がある。左側に小さく山に徳そして、やげんの文字はなんと芸術的ではないか。ここで売られている瓢箪形の七味入れは東京の蕎麦屋などでよく見かける。またこの店の通りを隔てた前の二軒、十和田と辰巳屋も暖簾はかわる。

　七味唐辛子は京都祇園の黒七味や長野善光寺でも売られているが、1600年代に日本橋薬研堀で評判になった、こちらの唐辛子が江戸の食べ物にはあっているのだろう。最も七つの材料の割合を変えれば対応は可能であるが。

Daikokuya Tempura Asakusa

大黒家 天麩羅

〒111-0032
東京都台東区浅草1丁目38-10
電話：03-3844-1111
http://www.tempura.co.jp/

　暖簾を撮ろうと浅草を歩いていると伝法院通りと浅草中央通りの角にあるこちらの前を何度も通ることになる。そして胡麻油の匂いに誘われこちらの五巾の半暖簾を潜ることになる。

　大黒家だけに、夏暖簾も冬暖簾も大黒さまが持っている打出の小槌がまん中に入っている。左側に大黒家、右に登録商標と入っているが、暖簾に「登録商標」と入っているのは、浅草では紀文寿司、森下のみの家、町屋の砂場総本店など数軒だけで多くはない。

Nakasei Asakusa

中清 浅草

〒 111-0032
東京都台東区浅草1丁目39-13
電話: 03-3841-4015
http://nakasei.biz/

　こちらは創業当時は屋台だったとのことである。江戸から明治初めの天麩羅は屋台であり、火を使うので堀のそばで商いをしていた。そこにはぎぼうしが生えていた。で「天麩羅の指は擬宝珠でひんなすり」と川柳にある。串に刺した天ぷらを食べると指に油がのこる。それをぎぼうしで拭いた。お座敷天麩羅のこの店には道から奥に入った所に植木、その先に暖簾のかかった玄関がある。面取りをしたガラス戸と暖簾は高級感を醸し出している。

Bentenyama Miyako Sushi　Asakusa

弁天山 美家古寿司

〒111-0032
東京都台東区浅草2丁目1-16
電話：03-3844-0034
http://www.bentenyama-miyakosushi.com/

　こちらは以前入口が「花の雲鐘は上野か浅草か」と芭蕉の句にある浅草の弁天山の鐘突堂に面していた。今は裏口になってしまったがそこの窓にも暖簾が掛けてある。こちらの先代内田栄一氏は来店した多くのお客さんから其々の業界の符丁を聞き集めて本を書いた。寿司屋の親父さんが寿司以外の本を書いたとは尊敬に値する。その中でも面白いのは業界はどこだったか覚えてないが、「テンボウイ」と言う数字である。これは、「点、（よこに）一、い」と書く。答えは「六」である。

Imahan Annex Asakusa

今半別館 浅草

〒111-0032
東京都台東区浅草2-2-5
電話；03-3841-2690
http://www.asakusa-imahan.co.jp/

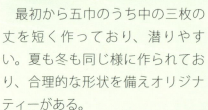

　最初から五巾のうち中の三枚の丈を短く作っており、潜りやすい。夏も冬も同じ様に作られており、合理的な形状を備えオリジナティーがある。

　浅草には今半の暖簾が3ヶ所で掛かっている。本店は新仲見世通りにあり、最近店頭を直し、様子が変わった。国際通りのお店は2ヶ所の入口に暖簾が掛かっており、門松が飾られると暖簾は引き立つ。しかし、三軒の内、玄関前の植木越しに見える別館の暖簾が古き日本を感じさせて、秀逸である。

Fujiya Asakusa

ふじ屋

〒 111-0032
東京都台東区浅草2丁目 2-15
電話：03-3841-2283

上野・浅草 浅草

　浅草は弁天山鐘突堂の近くにある店である。手拭いなど単に土産物の店にも見えるが、浅草では立派な水引暖簾が掛かっている店である。水引暖簾は仕舞わないで夜でも掛けておくことができる暖簾である。勿論こちらは夏と冬は替える。こちらの店は暖簾の注文も受けていると聞いている。

Sushiya no Nohachi　Kaminarimon

すし屋の野八

〒 111-0034
東京都台東区雷門1丁目 3-7
電話：03-3841-3841

上野・浅草 雷門

青色と茶色ともに野性味のある半暖簾である。オリジナリティーのある暖簾は潜りたくなる。銀座のすし屋の勘八の暖簾分けの店であるが浅草らしさがよい。また座敷の上がり口に表と同じ暖簾が掛けてある。そしてこちらではご飯一粒でミニチュアの鮨を作る。お食い初めに良いのではないかと若主人は言う。

Namiki Yabusoba　Kaminarimon

並木藪蕎麦

〒111-0034
東京都台東区雷門2丁目11-9
電話：03-3841-1340

上野・浅草 雷門

　こちらは神田薮の初代の三男、勝三氏が大正時代に創業した店である。神田薮には残念ながら暖簾はないが、こちらには夏、冬とも

五巾の半巾の暖簾が掛かっている。しかし、右側に縦に並木と書いてある文字は前の植木の枝が伸びてしまい、見えにくい。またこちらの店名に並木とあるのは昔この地が並木町という住所であり、前の通りが並木通りといっていたからとのこと。店内をみると、調理場と客席の間に掛かっている内暖簾は外暖簾と合わせて夏の白と冬の紺がある。

Iidaya Nishiasakusa

飯田屋

〒 111-0035
東京都台東区西浅草3丁目3-2
電話：03-3843-0881

　暖簾の左側に飯田屋とあり、「どぜう」とまん中に書かれた五巾の長暖簾である。この暖簾には玄関前の広さが必要である。どじょう屋は駒形など皆「どぜう」と書く。

　門松の入った暖簾も撮ったが、門松は二種類ある。竹の頭が水平に切られたものと斜めに斬られたもの、前者は徳川の外様で後者は譜代大名の地域で使った。

　また門松は年神様を迎えるためのものである。今は誕生日で一つ歳をとり、誕生日を祝う。以前はお正月にいつ生まれようと一斉に歳をとる。それでお正月は地位が高かった。この習慣が混在した時代は、「数え年」と「満年齢」といって区別した。

駒形どぜう

〒 111-0043
東京都台東区駒形1丁目 7-12
電話：03-3842-4001
http://www.dozeu.com/

上野・浅草 駒形

　こちらはどぜう鍋の店であるが、2ヶ月に一度(偶数月の第一月曜日の夜)、宝井金梅さんの司会で講師を呼び江戸文化道場という勉強会を行っている。東京でも貴重なお店であり、ご主人の江戸文化に対する思い入れには頭が下がる。勿論、6月1日に夏暖簾に、また10月1日に冬暖簾にきっちり替えるのはこの店としては当然であろう。こちらは椅子席や小部屋もあるが、籐ござの敷き詰められた大広間で頂くのが、一番である。また建物の2階には窓がないが、それは江戸時代に参勤交代の殿様を見下ろさないためである。

Asada Asakusabashi

| 江戸蕎麦手打處 あさだ |

〒 111-0053
東京都台東区浅草橋2丁目29-11
電話：03-3851-5412
https://www.asada-soba.co.jp/

上野・浅草・浅草橋

　こちらの暖簾は夏は麻の白、冬は木綿のえんじでいずれも三巾であり、内暖簾も夏冬ある。また左側に御蔵前とある。徳川の御蔵前のことであり、そこに米俵が船で着いた時の活気が想像できる地名である。また、暖簾のまん中に描かれているのは三菱だと思っていたが、実は湯桶の持ち手と口を取った物だとのこと。蕎麦屋は安政からであるが、その前は船着場近くで茶店をやっていたと、大女将がそっと教えてくれた。

　こちらで少々驚いたのは箸である。通常よりやや長目で帯が巻かれており、手元近くには「江戸蕎麦手打あさだ」と焼き印が押してある。蕎麦処でこのような箸を見るのは初めてである。

Miyako zushi Yanagibashi

柳橋美家古鮨本店

〒111-0052
東京都台東区柳橋1丁目10-12
電話：03-3851-7494
http://www.miyako-zushi.com/

上野・浅草 柳橋

こちらは浅草の弁天山美家古と関係がある。それは暖簾の弁慶が鐘を担いでいることでも分かる。担いでいるのは弁天山の鐘だと想像できる。こちらは神保町の鶴八を創業した伝説の師岡氏が修行したことでも知られている。

Yoshida Yanagibashi

よし田 うなぎ

〒111-0052
東京都台東区柳橋1丁目 26-10
電話：03-3851-7802

　暖簾の左側に縦に書かれた「よし田」のデザイン性は高く、まん中の丸に覗き違い矢は珍しい家紋である。五巾の半暖簾の向こうの引戸は閉めると丸になり、その中は格子になっている。総武線高架からの光は暖簾に変化を与え、他にはない趣がある。

　江戸前という言葉は寿司より前に、鰻に対して使っていたのである。もともとは鰻の頭に、「江戸前の鰻」というように使っていた。浅草や深川辺りで取れた鰻を江戸前といい、他所から持って来た鰻は旅鰻などといって区別していたようだ。

Umé Sushi　Yanagibashi

梅寿司

〒 111-0052
東京都台東区柳橋2丁目4-1
電話：03-3851-1682

上野・浅草 柳橋

夏冬とも五巾の暖簾である。左側に電話番号を入れ、まん中の三枚に梅寿司と入れ、右に赤で江戸前と囲みで入っている。また店の前のアプローチに続く格子戸は入って下さいと誘う。花街であったかつての柳橋を感じる店が少なくなってきたなかで、ここは店の前の構えも暖簾も古き柳橋が残る。
　ここに限らず寿司屋の照明は特別である。普通の蛍光灯を使わないで自然光の灯りを使う。蛍光灯では鮪がどす黒くなり食べる気にならない。

ちゃんこ 川崎

Chanko Kawasaki Ryogoku

〒130-0026
東京都墨田区両国2丁目13-1
電話：03-3631-2529

　両国のちゃんこ鍋といえばこちらである。相撲取りを思わせる愛嬌のある顔が描かれている暖簾は親しみを感じる。夏の麻暖簾は紫陽花とぴたりと合っている。また玄関の前には灰皿が置かれていて、店内は禁煙であると想像できる。
　両国は相撲の街である。手がついたら負けになる。手をつくことのない鶏は大事にされており、何軒ものちゃんこ鍋なべ屋があるが皆鳥すきである。こちらは鎌倉の御成通りの踏切近くにある鳥肉では名のある「とりー」さんのご主人と兄弟であることを付け加えておく。

ももんじ屋 Ryogoku

〒130-0026
東京都墨田区両国1丁目10-2
電話：050-3469-3543
https://momonjya.gorp.jp/

墨田 両国

都心から両国橋を渡ると右側に猪の姿が目に飛び込んでくる。亥年の2019年には新たに一頭合計3頭吊るされた。江戸時代は四つ足は食べることを禁じられていたが、この地は薬に、滋養のためになどの理由で食べていた(山鯨などと言ったりして)。夏冬とも三つ柏の紋の入った五巾の半暖簾は右にすきやきと小さく書かれているのが面白い。

十二支が中国から入って来た5世紀頃、日本には豚は居なかった。それで中国で十二番目の干支は豚なのに、日本では亥になった。

Bozu Shamo Ryogoku

ぼうず志やも

〒130-0026
東京都墨田区両国1丁目9-7
電話：03-3631-7224

夏冬とも五巾の半暖簾である。ここは明治維新の頃の大江戸趣味風流名物くらべには両国回向院前と書かれている。

創業は徳川綱吉の時代という人もいる位古い軍鶏鍋の店である。ここの主人は船頭どおしの争いを仲裁し、坊主になったことから、ぼうず志やもという店名になったという。

この地には桔梗家、鮨銀、千代福、両国の神田川、友路などが暖簾を替える店である。また隅田川を遡った処には吾妻橋近くに鰻善とひら井というなかなかの暖簾を掛けるどぜう屋がある。

江戸蕎麦 ほそ川

Hosokawa Kamezawa

〒130-0014
東京都墨田区亀沢1丁目6-5
電話：03-3626-1125
https://www.edosoba-hosokawa.jp/

墨田 亀沢

　こちらは鎌倉の山路同様、フランスからシャランガモを輸入し鴨南蛮に使っている。ここの暖簾であるが、よく見ると夏冬とも四枚のうち右の一枚は他の三枚と異なる。そしてどんぶりは欠けた所を補修してあり、茶碗も同様であった。暖簾は継ぎ足して掛け、どんぶりと茶碗は修理して使う。筋の通った立派な姿勢と云える。

Hosokawa, Soba restaurant

　This restaurant has a long Noren made up of four pieces. White one is for summer and dark red is for winter. Characteristics of this place is that they import, jointly with Kamakura no Yamaji (Soba restaurant), Canard de challans (farm-raised ducks from Challans area) from France for making Kamonanban Soba.

Minoya Morishita

みの家

〒 135-0004
東京都江東区森下2丁目 19-9
電話：03-3631-8298
http://www.e-minoya.jp/

江東 森下

　こちらは夏の白、冬の赤とも五巾の暖簾を掛かる馬肉鍋の店である。外暖簾にある「桜の中になべ」と入ったマークは内暖簾にも入っている。そして内暖簾も夏と冬がある。そして面白いのは上がり框の上に縄暖簾が掛かっていることである。縄暖簾は客の肩を払い店に入るとき、蝿をシャットアウトするための物であった。こちらには三種類の暖簾が掛かっている珍しい店である。またこちらは溢した時に拭けばすぐ綺麗になる（都内の何軒かの鍋の店も使っている）籐ござを敷いている。こちらには下足番がいることを付け加えておく。

Tokiwa-yu Tokiwa

常盤湯

〒135-0006
東京都江東区常盤2丁目3-8
電話：03-3631-9649

き字で「おじさん、はやくげんきになってね」とあった。今は元気に営業している。またこちらは古き良き時代の風呂屋の建物であるが、左右に空間があるのは珍しい。子供にはお城に見えるようだ。

こちらは水曜日になると普通の暖簾から赤い暖簾に替わる。赤い暖簾を良く見ると明日は休みますと書いてある。ご常連なら、遠くから見ても分かるように、暖簾の色を赤にしたのだ。木曜日が休みだからそれを報せるための工夫である。先代の女将が始めたそうで、まさに町の人の知恵である。

このお風呂やさんのご主人何年か前に体調をくずしてしまい、「しばらく休ませて頂きます」と張紙を出した。ある朝張紙に子供らし

Miyako Tokiwa

| 割烹 みや古 | 〒 135-0006
東京都江東区常盤 2-7-1
電話：03-3633-0385 |

こちらの住所は昔深川常盤町であった。五巾の暖簾であり丸に片喰の紋が目を引く、夏と冬は同じ柄である。店の前に竹が植えてあり雰囲気がある、その奥に暖簾は掛かっている。

こちらの写真を撮るのは苦労する。何本かの竹を入れて撮ろうとすると、文字と家紋が隠れてしまい、また暖簾の掛かっている入口は奥にあり、暗いからである。

Habutae Dango Main Shop Higashinippori

羽二重団子

〒116-0014
東京都荒川区東日暮里5丁目54-3
電話：03-3891-2924
http://habutae.jp/

荒川 東日暮里

現在(2018年)本店は建て替え中であるが写真はその前のもの。維新のころの大江戸風流名物くらべにも駒形のどぜう、回向院前の坊主志やも、池之端の十三屋（櫛屋）などと共に載っている老舗である。新しい建物にどのような暖簾が掛かるねか楽しみである。

羽二重とは明治の中頃イギリスやフランスに輸出されていた光沢のある平織の絹織物である。英語でも「habutae silk」と日本語がそのまま使われている。それほど欧米では好まれていた絹の織物である。こちらの店名は売っている団子が柔らかく光沢のある羽二重のようだということで付けられた。

Sunaba Minamisenju

砂場

〒116-0003
東京都荒川区南千住1丁目27-6
電話：03-3891-5408

荒川 南千住

　五巾の半暖簾であるが、夏と冬は柄が異なる。ここのご主人はいつもネクタイを絞めている。蕎麦打ちをするとき、茹でるときもネクタイは緩めない。14代目であり、明治までは麹町七丁目にあったという。東京にある砂場という店の中でも歴史がある。

　こちらのすぐそばに都内唯一の路面電車、都電の停留場、三ノ輪橋がある。この電車に乗っている客と客の関係がふんわりとしている。前から乗り込み後から降りるような決まりになっているが、奥に詰めてくださいとワンマン運転手がいうと乳母車も中学生も少しずつ後ろにずれる、何回も、何回もである。また席を譲るのも自然に身に付いている人ばかりで、ほのぼのとした都電である。

Obana Minamisenju

〒 116-0003
東京都荒川区南千住５丁目 33-1
電話：03-3801-4670

南千住といえば芭蕉の銅像があり、ここから奥の細道に出発した。芭蕉は西行に憧れ、その足跡をたどり句を作ることによって俳句を確立させたかったに違いない。

Obana

A long Noren made up of five pieces is decorated at Unagi (eel) restaurant in Minamisenju. It is uneasy to take a picture of their Noren because they always have a long line of customers whenever I visit there. They had transformed interior decoration and started to use chair seats from October, 2018. It is helpful for elderly people. In the meantime, infants are no longer allowed to enter due to a possibility of danger.

道から少々入ったところに夏は白、冬は紺の五巾の長暖簾が掛かるが中々迫力がある。南千住の鰻店であるが、いつ行ってもお客が並んでいるので、写真を撮るのには苦労する（暖簾を撮る時はお客さんを入れないことを旨としている）。2018年10月より椅子席に変わった。年配者にはありがたい。同時に幼児は危険なので入れなくなった。

Speaking of Minamisenju, Basho the most famous poet of the Edo period began his journey called Oku no hosomichi (The Narrow Road to the Deep North) from here as his bronze statue indicates. Basho had an admiration for Saigyo, a famous poet from the twelfth century. It seems that he wanted to refine haiku by composing a series of them while tracing the footprints of Saigyo.

暖簾は替わる

Seasonally changed Noren

In the 1960s, I often visited major cities in the U.K., France and Italy in order to import clothing material for menswear. Until midnight, I looked around various displays in the store window on Bond Street and Saville Row in London, Faubourg Saint-Honore in Paris, Galleria and Via Monte Napoleone in Milan, the Merceria stretching from Saint Mark's Square to the Rialto Bridge in Venice, and Via Condotti in Rome. Then I realized, in Europe, there are stunning advertising displays as well as displays in the store window. Particularly, I was fascinated for a number of times by store signboards simply capturing the characteristics of a store.

Until the early 2000s, I was convinced that there were no significant advertising displays to be found in Japan. However, when I had an animated conversation about "Noren" over a counter with the third generation of a sushi restaurant in Kanda one evening in 2010, I heard that the numbers of restaurants which change Noren according to the season are in decline as if the city of Venice facing the threat of decline due to global warming. Therefore we concluded that Noren should be pictured and archived before it becomes too late.

I knew initially that Noren has both summer and winter version according to the season, but then I came to know the hidden depth of Noren culture as I took more and more pictures of them. In addition to the function of informing store's name, Noren has a unique characteristic of changeability according to the season. Moreover, it is one of the prominent Japanese cultures cultivated through the wisdom of townspeople who were not samurai, noble, or aristocrat. Therefore it can be regarded as a peculiar advertising display in global context.

It is seasonally changed to Natsu-Noren on the 1st of June as summer arrives, then Fuyu-noren on the 1st of October as winter arrives. This is the basic rule of Noren. It is the same custom of changing one's uniform for the new season. Furthermore, in terms of the material of Noren, hemp is used for summer and cotton is for winter in Tokyo.

Some kimono stores as well as public bathhouses do change Noren. But today, Noren is mostly kept being used in the contexts of dining such as sushi, soba, tempura, Unagi (eel), yakitori, and Kappou (Japanese-style meal) restaurants.

There are some exceptions at dining contexts, but still, it could be said that Noren is purely a tradition of Japan. Regarding exceptions, Noren is seasonally changed at Ginnotou in Ginza and two restaurants of Paichi in Asakusa, although they are Western-style restaurants. Yet, Shoueitei in Kanda and Houmitei in Ningyocho don't change Noren and Taimeiken in Nihonbashi doesn't have any Noren. In the case of Ramen store, only Harukiya in Ogikubo changes.

Chinese and Korean restaurants don't change Noren according to seasonal change. In the case of Tonkatsu (pork cutlet) restaurant, Manpei in Kanda, Houraiya in Ueno, Isen and Raiteiponta

暖簾は替わる

in Yushima, and Tonki in Meguro change Noren. In the context of Noren culture, "Tonkatsu" is included into the category of Washoku, a Japanese cuisine. In the case of cake store, Bunmeido right next to Kabuki theatre does change Noren in both summer and winter while Ohmiya in Kanda has none. Moreover, Toshimaya, which has its head store in Kamakura and is famous for its Hatosabure, does have Noren but doesn't change seasonally. What I noticed in Kamakura while searching for Noren is that, interestingly, Kamakura belongs to Tokyo in the context of Noren culture. It is simply because there are more than 10 stores which change Noren within a short distance from Sannotorii (Third gate of Tsurugaoka Hachimangu) to Kamakura station.

Meanwhile, Ohedo in Nihonbashi and Sarashina in Kanda-Nishikicho have three or more Noren. If there are three Noren, the third is often used for the New Year. If there are more than three, the changing timing varies.

Noren in Kansai has a significant difference from the one in Tokyo, Edo (old name of Tokyo)-Noren. Kansai-style Noren has a rolled top for the purpose of sliding it through a rail. On the other hand, Edo-Noren has several loops for sliding it through a rail. About 70 percent of Noren for the New Year in Kyoto are made of hemp fabric while the ones in Tokyo for winter season are mostly made of cotton which inform us their distinct difference.

In order to make the people around the world to know about this unique Japanese Noren culture in the timing of Tokyo 2020 Olympic and Paralympic games, I would like to focus on Noren in Edo and assemble a number of pictures to make a collection book.

Firstly, my targets are conditioned to be the ones which change Noren according to the season. Thus they must have two or more Noren. Secondly, they must have their originality. Furthermore, Gaku (frame) and Noren of kabuki are included as I think they are amusing (Of course they must have two or more Noren in this case). In the world of kabuki, they use the specific words such as Bantou for manager and Yagou for their family. Those words are generally used in the business contexts such as in the context of Otana (merchant's family). It is interesting to see the link between kabuki and business and both share the culture of Noren.

As you see, there are many kinds of findings when you pursue Noren culture. Historically speaking, Nouren was introduced to Japan from China with Ryouren during the latter part of the Heian period or the Kamakura period. It was initially used for keeping out of cold wind at Buddhist temples and later started to be used as Noren as advertising display in the style you see today by merchants' family during the Muromachi period. The custom of "Seasonally changed Noren" seemingly started to spread during the middle part of the Edo period when cotton started to be used generally.

Anyhow, seasonally changed Noren is a culture of townspeople. I would like people around the world to know this culture. And I would also like regular customers to enjoy the experience of passing through such seasonally changed Noren. Staff of restaurants/stores do have a pride in changing Noren according to the season, but they would never ask: "We just change our Noren. Have you noticed it?" because it is simply awkward if they ask customers such a thing.

Noren has differences in length and width so they can be sorted into categories of different size. Width measurements are as follows: Noren is made of a roll of cloth which width is 37.8cm. Thus, a single width ranges from 34cm to 36cm when used for Noren. Most Noren use odd numbers of a cloth such as three, five, and seven, but they sometimes use two or four as well. Length measurements are as follows:

A half Noren's length is approximately 55cm, a regular Noren is approximately 110cm, a long Noren is approximately 160cm, and so on.

To add, there are "Mizuhiki-Noren" which hangs widely at the front of restaurants/stores and also "Hiyoke-Noren"(Literally, a sunshade Noren) which reaches down to the ground. Mizuhiki-Noren wouldn't be put away at night. Meanwhile, Hiyoke-Noren is banned its use in Kyoto which street is relatively narrower.

The numbers of targeted restaurants/stores, which have seasonally changed Noren, are approximately from 600 to 700. The largest numbers are in old towns such as Kanda, Nihonbashi, Ningyocho, Asakusa, Ginza and Shinbashi. About one in ten restaurants/stores has seasonally changed Noren in there. And they often keep their outward appearance with lantern, crafted ball of a Japanese cedar, Chinese lantern plant, a hanged ornament of Tsurishinobu made of hare's-foot fern as supporting ornaments which create a beauty of the season.

The best timings of taking a picture of Noren are in May for winter season and in June for summer season because the timings of sundown are later in those months than others.

It is also recommended to avoid windy and sunny day but to choose cloudy or drizzling day.

Also I would like to write about some interactive aspects with foreign countries, which gave influence upon Japanese culture, additionally to the explanations of Noren although they might slightly wander from the subject.

All in all, what is written here is a collection of word-of-mouth oral instructions.

This is not an academic work, but simply a collection of my hobby.

With best wishes,
Edochiano, Shingo Suzuki

銀座
Ginza

銀座 Ginza　　中央区築地 Tsukiji
中央区八重洲 Yaesu

新橋
Shinbashi

新橋 Shinbashi　　赤坂 Akasaka
虎ノ門 Toranomon　　麻布十番 Azabujūban
芝公園 Shibakoen　　六本木 Roppongi
芝大門 Shibadaimon　　白金台 Shirokanedai

Ginza Kasuga Ginza

ぎんざ春日

〒 104-0061
東京都中央区銀座1丁目4-6
電話：03-3561-1887

　暖簾は天婦羅屋らしくすっきりしている。丸に片喰の紋の入った五巾の半暖簾である。店内はさほど広くないが、お客さんへの対応は申し分ない。小鉢を毎年その年の干支に替えているのも楽しい。干支は江戸時代の庶民は年を数える時に使っていたと思われる。元号はお上が飢饉や地震などあると勝手に変えていた。安政が6年、万延1年、文久が3年、元治が1年で慶応が3年である（1月1日に変わるわけではなく、アトランダムの月日に変わるので、それぞれプラス一年になる）。歳を数えるには些かややこしい。西暦はまだ日本に入ってはいない。それで、十二年間ある干支は便利だったのだ。

Ginza kimono Aoki Ginza store Ginza

| 銀座きもの青木 銀座本店 |

〒 104-0061
東京都中央区銀座1丁目8-2
電話：03-3564-7171
https://www.kimono-aoki.jp/

銀座・新橋 銀座

　夏の暖簾はブルーと白のツートンカラーであり、冬の暖簾は薄茶と白のツートンである。その四巾の長暖簾は流石銀座の和装店といえる近代的な明るさのある店にマッチした暖簾である。
　伝統的な日本の織物に対して文明開化の頃に欧州から入ってきた羅紗という服地とは糸の呼び方が違っていた。撚りかたの呼び方が左右反対であった。当時は非常に困ったようだ。それで「S」撚り「Z」撚りと撚る方向を文字で表し、間違えないようにしたと聞く。

銀座 長寿庵

Ginza Chojuan Ginza

〒 104-0061
東京都中央区銀座1丁目21-15
電話：03-3561-2647
http://www.choujyuan.co.jp/

こちらは蕎麦屋として伝統的な五巾の半暖簾である。暖簾の右側には家紋の丸に左三階松がある。また鴨せいろを最初に出したのはここと云われている。

こちらの暖簾の上には「御蕎麦」を右から書いた看板が掲げてある。1階は小さめの客席で2階はひろめで明るい。旭川で取れた蕎麦を石臼でひいたそば粉を3階で蕎麦を打つという。

Nodaiwa Ginza

野田岩 銀座店

〒 104-0061
東京都中央区銀座4丁目2-15
塚本素山ビル
http://www.nodaiwa.co.jp/

銀座・新橋 銀座

こちらは四丁目のビルの地下にある。夏、冬とも左側に縦に五代目と入れ横に野田岩とある、四巾の半暖簾を掛けるこちらはなんと粋な店であろうか。夏の土用の丑の日はどこの店もこぞって売らんかなの体制で仕事するのに、全店休むのである（高島屋の特別食堂は除く）！沢山の客が押し寄せ並ばれたりしたら、旨い鰻は焼けない。なお曰く、土用の丑の日は内は鰻を売る日でなく、供養する日にしてると。もちろん、飯倉の本店にも入口に合わせた三巾の暖簾が掛かっているが、敢えて四巾のこちらの写真を載せた。

Ginnotou, the main building & an annex Ginza

銀座 銀之塔
本館と別館

〒104-0061
東京都中央区銀座4丁目13-6
電話：03-3541-6395
https://gin-no-tou.com/

夏冬とも二羽の鴨の暖簾とは垢抜けている。久保田万太郎氏が、トゥールダルジャンの鴨が大好きでこちらも鴨の暖簾を勧めたとの

ことである。またエレベーターの前に暖簾があるのはここだけである。エレベーターの止まる階を全て自分で使っていないと、出来ない。季節により替わる暖簾は日本料理独特の文化であるが、こちらは例外。女将の実家が旗屋だったため夏冬の暖簾を作ったとのこと。本館も同じ暖簾が掛けてある。洋食屋で暖簾の替わるのは浅草の「ぱいち」とここぐらいである。

Ginnotou, the main building & an annex

They decorate stylish Noren which has a pair of ducks printed for both summer and winter. Moreover, this is the only place where you can see Noren in front of an elevator. Seasonally changed Noren is a unique culture of Japanese cuisine, but this restaurant is an exception. They made Noren for both summer and winter because the proprietress comes from a family which runs a flag store. The main building also decorates the same Noren. It is rare to see seasonally changed Noren in a Western-style restaurant. Only here and "Paichi" in Asakusa.

Ginza Bunmeido, Higashiginza Store Ginza

銀座文明堂 東銀座店

〒 104-0061
東京都中央区銀座4丁目13-11
電話：03-3543-0002
https://www.bunmeido.co.jp/

　ここは歌舞伎座の隣にある。ガラスには歌舞伎座の屋根が写っている。一方、日本で広く知られているカステラはここの看板商品であり、ポルトガルの菓子パォンデローが起源である（ただ、水飴やざらめを加えしっとり感を出し日本の味になった）。

　もう一つポルトガルから伝わったものがある。日本にカトリックを伝えたフランシスコ・ザビエルはポルトガルから派遣された。カトリックのミサの聖変化の作法と茶道の作法とは酷似している。宋の茶と茶道（もちろん茶筅もある）を栄西禅師が800年も前に持って帰った。それから一休（宗純）さんが侘びを重要視し、「禅と茶の一体」を村田珠光に教授し、そのあと武野紹鴎をへて、千利休に受け継がれた。千利休は「茶の湯」を大成させたが、丁度その頃にカトリックの伝来がある。カトリックのミサの作法と利休の茶道の作法（仕草）とは酷似している。そこで茶道の作法はカトリックのミサの作法（仕草）を採り入れたと推測できる。中国から入って来たものに日本で精神的なものを加え、ヨーロッパの文化（ミサ）の洗礼を受けて千利休が大成させた。

　実は、文明堂にはもう1枚、渦潮の入ったのれんがある。

Bunmeido, Higashiginza
　This confectionery is located next to Kabuki Theater. Their glass reflects a roof of the theater. Meanwhile, Kasutera, a sponge cake widely popular in Japan is their flagship product and originates in Portuguese sweet called Pao de lo.

　Moreover, Francis Xavier was sent to Japan from Portugal for spreading Catholicism. Manners in Consecration at Catholic mass resemble manners in Sado, the Japanese tea ceremony. It is likely that the manners (Sahou or Shigusa) of Sado originates in the manners of Catholic mass because, historically speaking, the beginning of the refined Sado was the same age when Catholicism was introduced to Japan.

竹葉亭 銀座店

〒104-0061
東京都中央区銀座 5-8-3
電話：03-3571-0677

鰻といえば、万葉集に大伴家持が夏には鰻を食べるようにと、和歌で言っている。「石麻呂に我物申す夏痩せによしといふものぞむなぎ捕り喫せ」万葉集巻十六、3853（むなぎとは胸黄であり、うなぎの古い呼び名であろう）

こちらは五巾の暖半簾が三枚はある。ところが、銀座八丁目の本店には暖簾はない。（昔から、料亭は暖簾を掛けず、一般のお店が暖簾を掛けている）

そして、夏の土用の丑の日には「う」のつく物を食べるべし、と言った江戸時代の平賀源内はこの歌の存在を知っていたと思われるが、定かでない。

泰明庵 Ginza

〒 104-0061
東京都中央区銀座6丁目 3-14
電話：03-3571-0840

　夏冬ともに五巾の半暖簾を店の前の植木が引き立てている。また銀座であっても暖簾のまえに自転車が鎮座している。

　ご近所ということで、泰明小学校と帝国ホテルのことに触れてみる。

　泰明小学校は区立でありながら、エンポリオ・アルマーニの制服を採用し、物議を醸しているがいかに服を着るか、いかに服装を整えるかは小学生の頃の教育、躾にかかっている。是非その事を忘れないで頂きたい。

　また泰明庵からJRのガードをくぐるとすぐに帝国ホテルがある。東京のホテルのパーティーでローストビーフにイングリッシュマスタードを付けて食べられるのは多分こちらだけである。昨今巷では辛いものが持て囃されているが、帝国ホテルのパーティーなどでローストビーフがあれば、イングリッシュマスタードをお試しあれ。このホテルのもう一つの特徴は紅茶のお代わりが自由であることだ。多分このシステムは英国では紅茶は二杯半飲む習慣があり、そこから来ていると推察される。

銀座・新橋 銀座

天一 銀座本店

Ten-ichi Ginza

〒 104-0061
東京都中央区銀座6丁目 6-5
電話：03-3571-1949
http://www.tenichi.co.jp/mainshop/

天婦羅といえば、こちらである。七巾の半暖簾のまん中に入った図案化された、文字は卓を囲む天冨良一と読める。

並木通りにあるこちらは2019年7月に一時休業し、2022年夏頃同じ場所で再開すると決まったようだ。この写真集に載せようと思っていた店が止めてしまい、やむなく外した処が二軒あったが、こちらは再開するという事なのでそのまま載せることにした。新しい建物に今の暖簾が掛かるのか、はたまた新規に暖簾を作るのか楽しみである。

現在ビル立て替えで休業中、22年夏に営業再開。

Kūya Ginza

空也（銀座）

〒 104-0061
東京都中央区銀座６丁目 7-19
電話：03-3571-3304

銀座の最中と云えばこちらと言われる店。夏は白地に黒、冬は紺地に白抜きで五巾の半暖簾である。サイズとイメージは夏冬同じにしてある。いつでも貼り紙があり予約だけで品切とある。

銀座で寿司処でない店をあげると、村田（呉服）、天あさ（天麩羅）、里仙、浜作、田舎家、季の庭、江戸銀、保志乃、三州屋、多吉（そば処）と木屋という店名（うどん屋）の本店と銀座店は暖簾が替わる。

銀座・新橋 銀座

鮨処 いし原

Sushidokoro Ishihara Ginza

〒 104-0061
東京都中央区銀座7丁目6-5
石井紀州屋ビル 1F
電話：03-3573-4134

　さすが銀座のお店、素晴らしい暖簾である。提灯など入口の周りにある脇役に引き立てられたこちらの長暖簾を見ていると時間を忘れてしまう。どちらも左上から右下へ流れる波が効いている。

　いし原の暖簾は東京のあらゆる地域の暖簾と比べても豪華さ、品格、そして玄関前の設えと抜群である。

　銀座で一階でやっている暖簾を替える寿司処は、やす幸、吉澤、あい田、おざわの三店舗、川久、ふくべ、さかい、小笹、二葉、一柳、寿し幸と気概を持った多くの店がある。

Hagihara Sushi Ginza

萩はら 鮨

〒 104-0061
東京都中央区銀座 7 丁目 7-12
電話：03-3571-1060

三巾の品のよい半暖簾である。しかも何色もある。小さいが他とは一線を画する見飽きない暖簾である。

この店のある 7 丁目には無線タクシー乗り場 15 号がある。そこで、ヨーロッパのタクシー事情につい

て、パリのタクシーは流しではなくタクシー乗り場からしか乗れない。下りる時は客がドアを閉ること、東京では運転士が手元で閉めるが。ロンドンのタクシーは荷物を乗せると、サーチャージがかかる、もう一人乗ってもかかる。ヴェネチアのタクシーは運河を走るモーターボートである。そればかりか、バス、パトカー、消防車も運河を使うため全て舟である。島では自転車さえ禁止である。

銀座・新橋 銀座

Komparu Yu Ginza

金春湯

104-0061
東京都中央区銀座 8 丁目 7-5
電話：03-3571-5469
http://www002.upp.so-net.ne.jp/konparu/

る。またこちらは19世紀半ばから続く銀座のお風呂屋さん。火事と喧嘩は江戸の花。江戸時代は火事を出さないため内湯は禁止されていた。それで沢山の風呂屋があり、町の社交場にもなっていた。また風呂屋には富士山が大きく描かれているが、お客に見上げてもらい広く見せるためである。こちらには板に〈わ〉とかき、沸いたと云うことで営業中。裏返すと板に〈ぬ〉で、抜いたで閉店、と洒落ている。そこで一句
「暖簾下板にわの字の柚子湯かな」

ここは三色、白、紺と青の五巾の半暖簾がある。何れも今春湯と書かれた上に小さく丸に片喰が入

銀座・新橋 銀座

Tachibana Ginza

たちばな かりんとう

〒 104-0061
東京都中央区銀座８丁目 7-19
電話：03-3571-5661

こちらはかりん糖の店であり当然、丸に橘の紋が入った暖簾である。きっちり６月１日に夏暖簾に、10月１日に冬暖簾に替わる。

きっちりというと電車のダイヤである。日本の電車は全ての外国人が驚くほど正確である。電車が３分遅れただけで、謝る車掌は日本以外いない。

Tachibana

This is a confectionery specialized in Karintō, fried dough cake. They have, of course, Noren with a crest of Maruni "tachibana". They change Noren exactly on the 1st of June for summer Noren and on the 1st of October for winter one.

Speaking of "exact" timing, Japanese train comes exact on time. All foreigners become surprised at Japanese train because of this exact timing. Japan seems to be the only place where conductors announce apology when they are late for 3 minutes.

Sushiya no Kanroku Ginza

すし屋の勘六

〒 104-0061
東京都中央区 7 銀座 8-7-21
電話：03-3572-9675
http://ginza-kanroku.jp/

店である。こちら以外に銀座には「すし屋の勘八」神楽坂には「すし屋の勘せい」浅草雷門には「すし屋の野八」と「すし屋の‥」と付く店があり、それぞれ暖簾は替わる。暖簾に書かれている文字を見て何か関連性のある店と想像できる。

半暖簾で、黄緑、緑、青、柿色など何枚もある。左側の植木と合わせた中々の寿司処である。雲丹、小柱、いくらも軍艦巻ではなく握りで出てくると聞く。これは握り手の腕を感じる。

昼は営業せず、夜は 26 時までやっている、銀座のすし屋らしい

Shimamura Yaesu

嶋 村

〒103-0028
東京都中央区八重洲1丁目8-6
電話：03-3271-9963
https://kappou-shimamura.gorp.jp/

「桜田門外の変」にも出てくるこちらは五巾の半暖簾で正面と横にある。

　正面の暖簾は山王祭の飾りがあると映える。

　日本料理はフランス、イタリア、中華、韓国料理とは明確に異なる。他の料理はナイフとホークなど3セットほどお料理の左右にわけて置き中華、韓国はそこに箸も置く。そしてスプーンまである。和食は茶碗やお椀を手で持つことも口に持っていくことも出来る。スプーンは不要となる。そこでシンプルに料理の手前に食べる人の肩と平行に箸が置かれるだけである。

銀座・新橋　八重洲

Miyagawa Honten Tsukiji

つきじ 宮川本廛

〒 104-0045
東京都中央区築地 1-4-6
電話: 03-3541-1292
http://www.unagi-miyagawanorenkai.jp/

銀座・新橋 築地

　入口はさほど広くなくそれに合わせた暖簾も夏冬とも関西式の半暖簾である。築地で鰻といえばここであり、鰻重と丼が選べる。また注文してから出てくるまで時間が掛かる。それが本物であり、東京で鰻といえば築地宮川本店と言われる所以である。健在なり。

Tsukiji Sushidai Tsukiji

築地 すし大
本館 銀座店

〒 104-0045
東京都中央区築地6丁目21-2
電話：03-3541-3738
〒 104-0061
東京都中央区銀座8丁目6-5
電話：03-3569-0677

すし大①築地本館

こちらの暖簾は乳（吊るすところの小さな出ている布のことであるが、乳とは羽織の紐を通すために出ている部分を呼ぶ）がついており、江戸式の暖簾である。

暖簾の右手にある自動販売機は日本ならではである。盗まれることもなく、夜間は灯りとして頼りになる。また東京コカ・コーラは港区と提携して、震災のときに被災者がフリーで飲めるようにしてある。なかなか立派である。

すし大②銀座店

一方こちらの暖簾は関西式の暖簾であり、竿を全体の暖簾の上部でくるんでいる。最近は風で暖簾が片寄らない様にと関西式が東京でも増えていると、両方の暖簾を作った「津多屋商店」のご主人が教えてくれた。

Tempura Kurokawa Tsukiji

てんぷら 黒川

〒 104-0045
東京都中央区築地6丁目21-8
電話：03-3544-1988

写真は二色だけだが、小さい店ながら暖簾は三色ある。三巾の暖簾は江戸式の半暖簾である。2018年10月に場内は都知事の「豊洲を生かす、築地は守る」と豊洲に移ったが、この店は場外であり同じ場所で営業している。さて、江戸時代から続く日本橋の魚河岸が築地に移転したのは1935年である。その前には関東大震災であったり、今度の豊洲への引越と比べ遥かに大変だったようだ。神田の寿司屋などは築地は遠いと不満を言っていたとも聞く。

Torishige Shinbashi

鶏繁総本店

〒105-0004
東京都港区新橋2丁目9-17
電話：03-3508-9532
http://www.torishige.com/

函谷関を暗い内に通り抜けたという「鶏鳴狗盗」と、それを引用して清少納言が「夜をこめて鶏のそら音ははかるともよに逢坂の関は許さじ」と歌った百人一首の62番である。清少納言の時代も中国の古典を学んでいたのだ。

Torishige, Yakitori restaurant

This restaurant has a shorter sized Noren, a half Noren. White one is for summer and red is for winter. What is amusing here is that: a rooster crows "cock-a-doodle-doo" (le cocorico in French) every five minutes.

こちらは三巾の暖簾が二方面に下がる焼き鳥屋である。ここの鶏の声を聞くと思いめぐらすことがある。紀元前の中国の故事で猛嘗君が鶏の鳴き真似を食客にさせ、

Shinbashi Turuhachi Shinbashi

新橋 鶴八

〒 105-0004
東京都港区新橋2丁目 16-1
　ニュー新橋ビル
電話：03-6206-6886

2018年に新橋駅前のニュー新橋ビルにある神保町の鶴八分店は「鮨処 新橋鶴八」に名前が変わり、暖簾も変わった。今までここを仕切っていた石丸氏は神保町の鶴八に三十数年ぶりに戻って暖簾を守ってくれた。こちらの暖簾の二巾のブルーはとびきり綺麗な色である。また今のご主人に店の中にしまったもう一枚の暖簾を撮らせてもらった。

ここはビルの中にあるので、ビルの中で暖簾の替わるお店(銀座)を挙げてみる。天麩羅の近藤、寿司は小十、くろ寿、板井、新太郎、太一、そしてすきやばし次郎などがある。

銀座、新橋　新橋

Kyoaji Shinbashi

京味

〒 105-0004
東京都港区新橋3丁目3-5
電話：03-3591-3344

こちらの夏は白、冬はえんじの暖簾と植木を設えた玄関は間違いない料理が運ばれて来ることを連想させる。

こちらのご主人の父上は第12代総理大臣西園寺公望のお抱え料理人だったと聞く。父上は外国人とディベートしている場面にも遭遇したことであろう。そこで日本語と英語（欧州語）とでのYESとNOの使い方の違いが日本人のディベートを苦手にしていることに触れる。否定形で質問されたとき、英語では事実に対してYesかNoを使うが、日本語では相手に対してYesかNoを使う。相手を否定すると云うことは相手の人格を否定しているように思われてしまうので日本人は冷静にディベート出来ないのである。

銀座・新橋　新橋

Notoji Shinbashi

能登治

105-0004
東京都港区新橋3丁目7-5
能登治ビル 1F
電話：03-3591-3584

　新橋の蕎麦といえばこの店である。江戸の蕎麦屋で三代以上続く店だけで構成される木鉢会のメンバーでもある。木鉢会のメンバーは、神田まつや、神田尾張屋、室町砂場、日本橋やぶ久、百人町近江家など東京で老舗と言われる所ばかりである。ここは芝新橋と書かれた看板の下に夏冬とも五巾の半暖簾が掛かる。江戸時代には赤坂で能登屋という名で営業、明治の頃に今のところに越してきた。その時から「能登治」と名乗った とのことである。ご主人に確認すると、能登出身であるが、百五十年以上も前の江戸時代のことですけど、と言った。

すっぽん料理 牧 新橋店	〒 105-0004 東京都港区新橋３丁目 2-3 千代川ビル 1F 電話：03-3580-9663

すっぽんの中に牧と書かれた図柄が夏は右に冬は左にある関西風の二巾の暖簾であるが、2018年頃より冬に日除け暖簾が掛かった。お月見の月が右上にあり、左下には主役のすっぽんが首をもたげている。なんと雰囲気のある日除け暖簾であろうか、どなたの作品なのかとお尋ねしたい。

新橋には暖簾の替わる店は非常に多い。敬意を持って記すことにする。古今亭、和楽、銀粋、日吉、一由、しみづ、新らく、ひろ作、うお倉、鳥九、大和田、三政、鳥新、松平、京の里、文銭堂、大和鮨などである。

Osakaya Sunaba Toranomon

虎ノ門大坂屋砂場

〒 105-0001
東京都港区虎ノ門 1-10-6
電話：03-3501-9661

る頃は四枚の暖簾がそろっているのではないか。また、こちらの大旦那に電話をしてくれ、写真をどうぞお撮り下さいと伝言をもらった。巴町の砂場（住所は虎ノ門になっていた）と呼ばれていた店は残念なことに2017年に暖簾を下ろしてしまった。

ここは元々の虎ノ門砂場で暖簾は白、紺、茶の三色あり、いずれも五巾の半暖簾である。こちらの建物は道の角にあり、三つある暖簾はそれぞれ絵になる。若女将はもう一枚赤っぽい暖簾を今作っていると教えてくれた。この本が出

Tomura Toranomon

京料理 と村

〒105-0001
東京都港区虎ノ門1丁目11-14
第2ジェスペールビル1F
電話：03-3591-3303

銀座・新橋 虎ノ門

　こちらは東京でも5本の指に入る季節を感じさせる暖簾は写真の他に海老、瓢箪、山に月、桜の花びらなど何枚も替えるが全て三巾の同じ素材で、同じイメージである。関西風の格調高い暖簾ばかりで、今度は何に替わるか楽しみな店である。

　やはり、暖簾だけでなく料理も京料理であった。こちらの戸村仁男氏は嵐山吉兆などで腕をみがき現在はこの店を仕切っている。暖簾は経営者の鏡であり、顔が目に浮かぶ。外暖簾だけでなく、内暖簾もすっぽん、どぜうなど何枚もある。素晴らしい！

Monsho Shibakoen

文昌

〒 105-0011
東京都港区芝公園２丁目 4-13
電話：03-3434-2321

　芝は増上寺の門前町にあり100年を越え営業する呉服屋である。粋で上品な誂えをモットーとする染めと織は現在では希少価値であり、「きもの」にかける思いは半端ではない店である。手拭、浴衣、祭半天（正絹と木綿）も扱っている。
　冬暖簾は五巾の標準丈であり、夏は五巾の半暖簾である。バブルの頃周りの店舗は土地を売却し立ち去ったなかにあって今もポツンと小さいながら、伝統を守り続ける尊敬すべきお店であると紹介したい。

Shibadaimon Sarashina Nunoya Shibadaimon

芝大門更科布屋

〒 105-0012
東京都港区芝大門1丁目 15-8
電話：03-3436-3647
http://www.sarashina-nunoya.com/

　夏冬とも五巾の暖簾で入口の格子戸と良く調和している。また左側に「今月の家伝変わりそばは〇〇」と書かれている。
　芝は港区であり新橋以外の暖簾が替わる店をあげておく。赤坂は和食料理の三河家、寿司の鮨兆、麻布は三軒の更科があり、一軒は写真を載せたが、あとの二軒の暖簾もすてがたいので、店名を書いておく。麻布永坂更科本店、総本家永坂更科布屋太兵衛、六本木のいなり寿司で知られたおつな鮨、浜松町更科などである。

銀座・新橋 芝大門

赤坂 浅田

Asada Akasaka

〒107-0052
東京都港区赤坂3丁目6-4
電話：03-3585-6606
https://www.asadayaihei.co.jp/akasaka/

　赤坂にあるこちらの暖簾を見たとき思わず立ちすくんだ。東側の入口は広く七巾の長暖簾、西側は狭くて三巾の長暖簾である。どちらもまん中に家紋である崩し卍が描かれている。荘厳さのなかに日本の美を感じさせる。東京でも5本の指に入る本格的な暖簾である。こちらは金沢の老舗旅館のお店である。

　赤坂には紀尾井ホールやサントリーホールがある。そこで音楽のことであるが、庭の千草はアイルランド民謡、埴生の宿はイングランド民謡、蛍の光はスコットランド民謡である。それらを明治の頃の音楽教育で日本語の詩をつけて子供たちに教えた。現代に生きている日本人は懐かしさと郷愁を感じる。この延長上に日本人の多くが大好きな「故郷」がある。

Muromachi Sunaba Akasaka

室町 砂場 赤坂店

〒 107-0052
東京都港区赤坂6丁目 3-5
電話：03-3583-7670

銀座・新橋 赤坂

こちらの暖簾は看板(終業時)まで居たので仕舞われた裏暖簾を撮ることができた。また、さるやの黒文字があり、室町砂場の支店と判った。きけば前回の東京オリンピックがあった1964年に開店したとのことである。

そこでオリンピックに言及したい。オリンピックの父と尊敬されるクーベルタンの言葉として広くしられている「オリンピックで重要なことは勝つことでなく参加することである」この言葉は実は1908年アメリカのエセルバート・タルボット主教がたまたまロンドンで集会があり、オリンピックの陸上競技でアメリカがイギリス人の判定に不満を持ちもめていると知り、セントポール寺院に選手たちを招き説教をした。クーベルタンはその内容をようくし、皆の前で話したのが前記のようにクーベルタンの言葉として残ったのである。エセルバート・タルボットという名を覚えておいて頂きたい。

Sarashina Horii Azabujūban Honten Azabujūban

更科堀井 麻布十番本店

〒106-0046
東京都港区元麻布3丁目11-4
電話：03-3403-3401
https://www.sarashina-horii.com/

老舗のオーソドックスな暖簾である。暖簾を何枚も替える神田錦町の更科堀井分店とは親戚である。
　こちらの店は小上がりがある。椅子席は土足であり、小上がりは靴を脱ぐ。いろいろの場所で椅子席の場合日本人は荷物を椅子の上に置く。それは自分の家に持ち帰った時に座敷に置くことができるようにと、土足の床に置くことはしたくないのである。欧米人は鞄など直接床に置くが、それは家に帰っても靴を履いたままで生活しているので、床に置くことに何の抵抗もないからである。

Chojuan Azabujūban

そば家 長寿庵

〒106-0045
東京都港区麻布十番3丁目8-4
電話：03-3451-7462

夏冬ともに三巾の半暖簾に三階菱の紋が入っている。

福澤諭吉の墓のある善福寺入り口にある。慶応義塾大学では伝統として今でも、〇〇先生ではなく、〇〇君休講と掲示板に書く。福澤先生以外は先生とは呼ばないのである。

しかし、例外はあるもの、昭和天皇の東宮時代に教育をされた、小泉信三先生だけは、先生と呼ばれることが多い。「百冊の本を読むより100人の人に会いなさい」「訓練は何事においても不可能を可能にする」という言葉に影響を受けた人も多いのではないか。

銀座・新橋 麻布十番

和菓子 青野総本舗

Wagashi AONO Roppongi

〒106-0032
東京都港区六本木3丁目15-21
電話：03-3404-0020
http://www.azabu-aono.com/

　夏は五巾の白で文字は緑であり、冬はやはり五巾の紺地に白抜きである。「鶯をたずねたずねて麻布まで」と詠まれた19世紀中頃創業の和菓子店。
　こちらの店を右にでて、六本木の交差点を左に折れた先に「NICOLA'S」というピザハウスがあった。1950年代、60年代にはアメリカを背負い耀いていた。日本にアメリカ文化が入って来た象徴的な店であった。ピザはもともとイタリアの物であるが、ここのはタバスコを振りかけて食べた。この店はイタリア系アメリカ人のニコラス・ザペッティが始めたという。今は「ニコラ」という名前で横田基地近くでやっている。

Toshian Shirokanedai

| 利庵 | 〒108-0071
東京都港区白金台5丁目17-2
電話：03-3444-1741 |

この店の前に来るとちょっとした森の中にいるような雰囲気のある蕎麦処である。1985年に7枚の暖簾を作り年に何回も替えているとのこと。蕎麦以外の品書きが幾つも張り出されており、注文したくなる。

また近くに明治学院大学があるが、この大学の創立者はヘボン式ローマ字で知られているヘボンであり名前は「James Curtis Hepburn」で、ローマの休日で有名な女優ヘップバーンは「Audrey Hepburn」である。実は同じfamily nameだったのだ。

銀座・新橋 白銀台

江戸尻取り唄

1 牡丹に唐獅子　竹に虎
2 虎を踏まえて　和藤内
3 内藤様は　さがり藤
4 富士見西行　後ろ向き
5 剥き身　蛤　ばか　柱
6 柱は二階と縁の下
7 下谷　上野の　さね蔓(かずら)
8 桂　文治は　噺家で
9 でんでん太鼓に笙の笛
10 閻魔は　盆にお正月
11 勝頼様は　武田菱
12 菱餅　三月　雛祭り
13 祭　万燈　山車　屋台
14 鯛や平目に蛸　まぐろ
15 ロンドン異国の大港
16 登山するならお富士山
17 三べんまわって煙草にしよ
18 正直正太夫は　伊勢のこと
19 琴や三味線　笛　太鼓
20 太閤様は　関白じゃ
21 白蛇がでるのは　柳島
22 縞の財布に　五十両
23 五郎　十郎　曽我兄弟
24 鏡台　針箱　煙草盆
25 坊やは良いこだ　寝ねしな
26 品川女郎衆は十匁
27 十匁の鉄砲　二つ玉
28 玉屋は花火の大元祖
29 僧場はお鐘がドンチャンチャン
30 ちゃんやおっかあ　四文くれ
31 暮れが過ぎたら　お正月
32 お正月には　宝船
33 宝船には　七福神
34 神功皇后　武内
35 内田は剣菱　七つ梅
36 梅　松　桜は　菅原で
37 藁で束ねた　投げ島田
38 島田　金谷は　大井川
39 可愛いけりゃこそ神田から通う
40 通う深草　百夜の情
41 酒と肴は　六百出しゃままよ
42 ままよ三度笠　横ちょに冠り(かぶり)
43 頭　縦振る　相模の女
44 女やもめに　花が咲く
45 咲いた桜に　なぜ駒繋ぐ
46 繋ぐかもじに　蝶々停まる
47 停まる蝶々に　八重牡丹

　江戸尻取り唄は、江戸後期から明治の中頃までお江戸で歌われていた。この江戸尻取り唄は、小生が、祖母から教えてもらったもので、一句ごとに当時の風俗が表現されているが、ここでは解説は遠慮しておく。

新宿
Shinjuku

神楽坂 Kagurazaka　　百人町 Hyakunincho
新宿 Shinjuku　　高田馬場 Takadanobaba

●

文京区弥生 Yayoi　　世田谷区奥沢 Okusawa
文京区湯島 Yushima　　目黒区下目黒 Shimomeguro
文京区水道 Suidō　　目黒区八雲 Yakumo
北区王子本町　　品川区東大井 Higashioi
Ōjihoncho　　杉並区上荻 Kamiogi

●

鎌倉 Kamakura　　花暖簾

Shimakin Kagurazaka

志満金

〒 162-0825
東京都新宿区神楽坂２丁目1
電話：03-3269-3151

　神楽坂の入口にあるこの店は横に長い十五巾の水引暖簾である。神楽坂には吾が輩は猫であるを書いた夏目漱石が住んでおり、こちらにも度々足を運んだというので猫に言及する。

　江戸時代オランダ船がジャカルタから鼠を取らせるために長崎まで乗せてきた猫は尾が曲がっていた。ある商人が尾曲猫を江戸に連れてきて販売した。当時尾の真っ直ぐな猫は化け猫と言われ嫌われており（今とは違い）、尾曲猫は福を呼ぶと、持て囃された。その結果今の東京には両方の猫がいる。勿論長崎にも尾曲猫は多く見られるようだが他の地域では目につかない。

Kinozen Kagurazaka

紀の善

〒 162-0825
東京都新宿区神楽坂1丁目12
電話：03-3269-2920
http://www.kinozen.co.jp/01main.htm

神楽坂下の甘味処で五巾の半暖簾であるが、風はいつでも店の中に向かって吹いているので夏冬とも暖簾の左側は斜めになる。サイドの入口ちは塞がれているが、暖簾は入口と同じサイズの物が掛かっている。

神楽坂にも暖簾の替わる店は多い。挙げてみると、ほてや(呉服)、味扇、(純和食)、喜楽(天麩羅)、たつみや(かばやき)、八千代寿司、新富寿司などである。

新宿 神楽坂

Tsunahachi Shinjuku

天ぷら新宿
つな八 総本店

〒160-0022
東京都新宿区新宿3丁目31-8
電話: 03-3352-1012
http://www.tunahachi.co.jp/store/1.html

新宿 3丁目

　夏冬とも六巾の半暖簾が掛かる新宿を代表する天麩羅の老舗ある。60年前に叔父に連れて行かれた。その時と雰囲気は変わらない。
　新宿といえば、ACB(アシベ)である。ここでは1950年代後半から60年代のアメリカンスイートミュージックと言われる、プレスリー、ポールアンカ、パットブーン、コニーフランス等の歌を英語と日本語で歌っていた。平尾昌章がハートブレイクホテル、山下敬二郎がダイアナ等と誰が何を歌うか決まっていた。坂本九、森山加代子、伊東ゆかりもここに出ていた「和製ポップス」の歌手である。まさにACBからアメリカの文化が東京の若者の心に入って来た時代といえる。

Omiya Hyakunincho

百人町 近江家

〒169-0073
東京都新宿区百人町２丁目 4-2
電話：03-3364-2341

こちらの狸が見上げる夏の白、冬の緑とも五巾の暖簾は大久保駅前にある。こちらの大女将は百人町という地名に誇りを持っていると話してくれた。

ここ百人町で生まれた上田万年は国費でドイツに留学した。ドイツは日本以上に、色々の言葉か存在していて、言語の統一を研究する学問が進んでいたからである。彼は西欧言語学を修め、帰国後東京山の手の言葉を核に日本の標準語を確立した。現在日本は単一言語が確立しており、日本人は話が通じる。このことは将来を考えると、外国から多くの人がわが国にに移住してくるに違いない。皆が通じる標準語は大事なことだ。

Omiya, **Hyakunincho**

A half Noren made up of five pieces, white for summer and green for winter, to which a raccoon dog looks up is located in front of Okubo station.

Kazutoshi Ueda was born in Hyakunincho and later studied in Germany at government expense. He mastered linguistics of Western Europe and established the standard Japanese language from a language of Uptown Tokyo after return. Today, single language is established and spread everywhere within Japan. This is an important linguistic aspect when thinking about the future.

新宿 百人町

Izuei Takadanobaba

うなぎ 伊豆栄

〒 169-0075
東京都新宿区高田馬場４丁目 13-12
電話：03-3361-1003

Izuei, **Takadanobaba**

There is a flag in front of a half Noren made up of five pieces as if a classic style of decoration. The founder started "Izu"ei in this area after given a permission of using the same restaurant name of "Izu"ya, an Unagi restaurant used to exist in Nihonbashi area in Taisho period (1912-1926).

Takadanobaba station of JR plays a melody of "Astroboy", a Japanese Manga while Vivaldi is played at Oimachi station. This restaurant used to do a delivery to Osamu Tezuka, an author of the Manga, and is still favored by Mushi Production which was founded by the author.

　五巾の半暖簾の前には定番のように、幟が置かれている。こちらの創業者は大正時代に日本橋にあった鰻の伊豆屋から暖簾分けでこの地で商売を始めた。

　JRの大井町駅では上りの発車のときにビバルディの春が流れる。JR高田の馬場では発車の時に、鉄腕アトムの曲が流れる。それで高田馬場を何日かかけて暖簾が替わる店をさがした。そして、最高の店を見つける事ができた。この店はかつては手塚治虫の処に出前をし、虫プロには今でも贔屓にしてもらっているとのこと。

夢境庵 *Mukyoan* Yayoi

〒 113-0032
東京都文京区弥生 1-6-4
2016 年大晦日に閉店、今は無境喜茶
（03-3815-4345）に

三巾の暖簾が入口いっぱいに掛かっている。そこに同色の水引暖簾を取り合わせ、お客様をお迎えする店主の心意気が伝わってくる。入口の暖簾と水引暖簾には夏冬とも橘の家紋が入っている。店の周りの樹木は夏は鬱蒼として、冬は葉が落ち寒々しさまで感じる。看板は右から夢境庵と書かれている「一行一文字右縦書」といい、左から書くようにお上に言われた時代に苦労して考えた理論武装であろう。（こちらだけでなく看板は右から書かれている店が多いが、そんな店でも暖簾は反対に左から書かれている店がほとんどである。看板は 50 年から 100 年程度もつのに対し、薄手の麻暖簾は 3 年程度、冬の木綿暖簾でも 10 年から 15 年程しかもたないからである。）

ゆしま 花月

Yushima Kagetsu Yushima

〒 113-0034
東京都文京区湯島3丁目 39-6
電話：03-3831-9762
http://www.karintou-kagetsu.com/

夏、冬とも八巾の半暖簾のまん中に月と花（湯島天神のお膝元だけに梅）が描かれている。

こちらのご主人の名刺には「代表取締役お兄さん」という肩書きがある。この辺りは以前花街であったため綺麗どころに「お兄さん、おにいさん」と言われ、呼ばれていたのでこうなったようである。なかなか粋である。

また、こちらの店の右側には自動販売機がある。それで一言、「お医者さんと学校の先生と自動販売機には支払う方が、頭を下げる」というのが昨今である。

Rantei Ponta　Yushima

蘭亭 ぽん多

〒 113-0034
東京都文京区湯島3丁目37-1
電話：03-3831-6203

とんかつ屋であるが、こちらのご主人は暖簾を決めるときは色々見て回ったとのこと。それだけに立派な暖簾である。このビルの屋上に集めた蘭は千鉢を越え、付けた店名が「蘭亭ぽんた」である。

　暖簾の文化を通してみると「とんかつ」は和食である。こちらを始め、上野の蓬莱屋、湯島の井泉、神田の万平とやまいち、日本橋の宇田川、目黒のとんき等のとんかつ屋は夏と冬の暖簾を替えるのである。その他、箸を使って食べるのであるから日本食であるということもできる。

文京区　湯島

Ishibashi Suidō

石ばし

〒112-0005
東京都文京区水道２丁目 4-29
電話：03-3813-8038
http://unagi-ishibashi.com/

夏冬とも五巾の半暖簾のまん中に剣片喰の紋が入っている。そして珍しいことにレンガ作りの塀と門、そこに暖簾が掛かっているが、ミスマッチではない。このレンガの積み方はイギリス積みである。上から(大)が一列(小)が次の一列でまた大、小と繰返し積まれている。レンガを積むとき一列に大小、大小と積んでいくフランス式の他、オランダ式やアメリカ式などある。真剣に西洋の文化を採り入れようとしていた明治期は積み方まで真摯に真似ていたが、現在のレンガの積み方は平積みばかりでやや寂しい。

Ishibashi

For both summer and winter season, a half Noren made up of five pieces of this restaurant has a print of their crest, Kenkatabami, in the center. Moreover, their Noren is uniquely decorated at a gate built of bricks. It's not mismatched. They are built in the British style: longer bricks are placed as stretcher, followed by shorter ones placed as header over and over again.

うなぎ はし本

〒112-0005
東京都文京区水道2丁目5-7
電話：03-3811-4850
https://gb9k900.gorp.jp/

夏冬ともに五巾の半暖簾であり、丸に違い鷹の羽の紋が真ん中にある。神田川側の鰻店で、創業当時180年前にはこの川で鰻を獲って捌いて焼いていたかと思うとその当時から続いている「たれ」を味わいたくなる。

ここの近く高速5号線をくぐり坂を上がった処に東京カテドラル関口教会がある、そこで、旧約聖書に出てくる人類最初の人間、アダムを天国で見付けるにはどうしたらよいかという話をしてみる。母親から生まれた訳ではないのでおへそがない人間を探せばよい。ここまでは知っている人もいるであろう。この話をあるイタリア人にしたら、実はアダムにもおへそはある。なぜかというと神様がアダムを頭の方から作っていると足元がどう造られるかと彼は覗き込み、神様に「アダム下を見てはいけません」とお腹のまん中にを指で突っつかれたというのである。だからアダムにもおへそはあると私の育った北部イタリアのある地域ではいわれている。だからおへそが探す決め手にならないという。

Kawaji Ojihoncho

川治

〒114-0022
東京都北区王子本町1丁目 23-1
電話：03-3908-0239

ここは五巾の半暖簾で右上に丸に木瓜の紋がある。王子駅すぐの鰻店で坂の途中にある。

近くには8代将軍が江戸庶民のために桜を植えた飛鳥山があり、また音無川の渓谷がある。ここは等々力渓谷とともに23区内にある特筆すべき渓谷である。英国からきた植物学者のロバート．フォーチュンは渓谷の周りにある料亭へしばしば来てはロンドン郊外のリッチモンドに似ていると、称賛していた。今でもその頃の料亭の一軒「扇屋」は自社ビルの前に卵焼きの屋台を出して実在している。

Kawaji

This restaurant has a half Noren made up of five pieces which has a crest of Marunimokkou in upper right. It is an Unagi (eel) restaurant located in the middle of a slope and near to Oji station.

There is a ravine of Otonash River nearby, a striking place within twenty-three special wards in Tokyo together with a ravine of Todoroki. Robert Fortune, a botanist from the U.K., praised Oji that it resembles Richmond in the suburb of London when he visited Ryotei, a first-class Japanese restaurant.

Irifune-zushi Okusawa

入船寿司

〒158-0083
東京都世田谷区奥沢3丁目31-7
電話：03-3720-1212

世田谷 奥沢

いるが、雨の日には短い暖簾を出すとご主人は教えてくれた。それで、雨が降った日に再び訪れて写真を撮らせてもらった。またこちらのお客さん同士は大変仲が良く、また相撲が好きなようでお客さん達が皆で東京場所の十五日間懸賞金を出したという。懸賞金の出し方でこんなケースは他にはないのではないか。

奥沢駅に向かって突先の地にあるお店は大きめの暖簾が良く目立つ。しかし、雨の日にはお客さんが濡れないようと短い暖簾に替える。これは店のご主人の気遣いである。ある日入店して、暖簾を替えるか、尋ねると今日は晴天なので目立つように長い暖簾を掛けて

Tonkatsu Tonki Shimomeguro

とんかつ とんき

〒 153-0064
東京都目黒区下目黒 1 丁目 1-2
電話：03-3491-9928

　神田の万平と共に「とんかつ」の文字がまるで包丁でさくさくっと切ったように見える。十巾の半暖簾は中々の迫力である。ここは豚カツ店としては珍しく、ヒレ定食とロース定食とが同じ値段である。40年前もそうであったように。その頃こちらには記憶力抜群の名物女将がいた。大きなカウンターの後ろに待つ人の為に椅子がずらりと並んでいる。そこに客は並ばず自由に座るが、女将が順番を間違えずカウンターに案内する。二人でも三人でも上手くアレンジしてである。

Unagi Daikokuya Yakumo

うなぎ大黒屋
目黒八雲店

〒 152-0023
東京都目黒区八雲3丁目 24-8
電話：03-5731-8535
https://www.unagi-daikokuya.com/

ここは目黒通り沿いの鰻店であるが、二巾の長暖簾の文字の素晴らしさは東京でも五本の指にはいる。とくに駐車場からさん越しに見え隠れするアングルが現代的である。こちらは目黒通りに面しており、八雲三丁目のバス停がすぐ側にある。そこで、アイルランドのバスについて、書いてみる。日本では考えられないが、アイルランドのバスは行先が何処であるとか、次は何処である とか一切言わないことである。アイルランド人曰く、きけばいいではないか、最低でも運転手は乗ってるのだから。もう一つ付け加えると「アイルランド人は世界一のお喋り」だからであろう。

目黒区 八雲

Yoshidaya Higashioi

吉田家

〒 140-0011
東京都品川区東大井２丁目 15-13
電話：03-3763-5903
https://www.soba-yoshidaya.com/

　ここの暖簾は浅草の紀文寿司同様二つの面にかかっている。店内には広重の鮫洲で海苔を採っている絵が飾ってある。

　今のような乾いた海苔は徳川五代将軍家綱が制定した生類憐れみの令により作られるようになった。この令で浅草の漁師は魚を取れなくなり、一部の漁師はここ大森へ来て、海苔の養殖を始めた。その頃はペースト状の海苔しかなかったが、浅草の落とし紙を鋤く技術が役に立ち、海苔を鋤き干すことにより現在の乾いた海苔が生まれたのである。

Harukiya Kamiogi

**荻窪中華そば
春木屋荻窪本店**

〒167-0043
東京都杉並区上荻1丁目4-6
電話：03-3391-4868
http://www.haruki-ya.co.jp/

広い東京数多くあるラーメン店のなかで唯一荻窪駅近くのこちらが暖簾の替わる店である。2016年春に久しぶりに訪れたが暖簾は赤であった。昔は白だったねと話すと、夏は今でも白だと教えてくれた。もちろん、6月に夏の白暖簾を撮らせてもらった。暖簾は和の世界の文化であり、例外的に洋食の二軒とラーメン屋はこちらの暖簾が替わるのである。

　洋食の二軒は話を聞いて、理由が分かったが、こちらは、聞こうとすると店のひとは忙しくしており、取り付く島がない。

杉並区　上荻

Daishige Kamakura

大繁

〒 248-0006
神奈川県鎌倉市小町２丁目 2-26
電話：0467-22-2237

観光客が押すな押すなの小町通りにある店であるが、かまくら小町大繁と左側に書かれてまん中に鮨の一文字そして、右側には鮨屋の茶碗が描かれている。夏冬とも三巾の半暖簾である。ご主人によると昔は神楽坂にあったが、鎌倉が好きでこちらに来たとのことである。近くに福ちゃんの横山隆一先生が住んでおり、出前の時先生から茶碗を書かせて欲しいと言われ二つ返事で了解。その代わり絵を暖簾に使わせて貰うことになった。また鎌倉市としても、福ちゃんの恩恵を受けている。福ちゃんのバスが鎌倉中を走っている。

Amadokoro Akane, Yosiro Kamakura

甘処あかね
よしろう

〒248-0006
神奈川県鎌倉市小町２丁目 10-10
電話：0467-23-0667
https://niazukiakane.chakin.com/

　こちらは鎌倉ならではの知恵を感じる店である。もともとは夜だけの割烹の店であったが、昼は観光客を相手に女将の名前をとり、「あかね」という甘味処の暖簾を掛けた。夜になると地元の酒好きを相手に「よしろう」という暖簾を掛け替えるのである。暖簾も昼と夜では雰囲気ががらっと変わる。この様な暖簾の替わり方は440軒撮ったなかではここだけである。夜の暖簾はグレーで鎌倉のジボ(地元の男)が好む色であり、昼間の色は名前にぴたりの「あかね色」である。

鎌倉 小町

Misuzu Kamakura

美鈴 鎌倉

〒 248-0006
神奈川県鎌倉市小町３丁目 3-13
電話：0467-25-0364

　和菓子の店である。月ごとにその時期にあった和菓子が作られる。店までのアプローチは飛び石、植木など店に着くまでの期待をもたせる演出がある。紺と赤の色違いは五巾の半暖簾であり、鈴が描かれた麻暖簾も同様である。

　湘南とは鎌倉のことである。中国は湖南省の洞庭湖に注ぐ湘江の南方一帯の景勝地で尚且つ禅寺が多数あることから、鎌倉五山の僧侶達が「我々のいる鎌倉は日本の湘南だ」といい始めたのが最初である。くれぐれも鎌倉は湘南ではないなどと言わないで頂きたい。

段葛 こ寿々

Dankazura Kosuzu Kamakura

〒248-0006
神奈川県鎌倉市小町2丁目13-4
電話：0467-25-6210

　段葛に面している蕎麦処である。暖簾は春分、夏至、秋分と冬至あたりで替わるがそれぞれ味のある材質であり色であるが、特に麻素材の暖簾には趣がある。

　二階造りの建物、風に靡く柳そして提灯は段葛と調和して絵になる。また店の左側でわらび餅を販売しており、そこにも暖簾は掛かる。

　鎌倉五山第二位の円覚寺は二回の元寇(文永の役と弘安の役)のあと建立された。それが、日本人の戦死者ばかりでなく、蒙古兵であれ高麗兵であれこの戦いで亡くなった全ての人を供養するためであった。

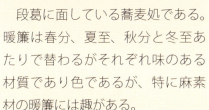

鎌倉 小町

Nagon Shiruko Kamakura

納言志るこ店

〒 248-0006
神奈川県鎌倉市小町1丁目 5-10
電話：0467-22-3105

　全て半暖簾より短めの三巾である。八枚以上季節ごとに替わり、アップリケなど独特の雰囲気を持つ暖簾である。女将によると、東京のお客さんが絵を持ってきてこれを暖簾にして欲しいと要望があり、今のような独特の暖簾を何枚も掛けるようになったとのことである。

　鎌倉の和賀江島は南宋の船もやってきたシルクロードの東の到達点であり、ヴェネチアのサンマルコ広場は西の出発点である。和賀江島の近くの材木座は中国の陶磁器の欠片が今でも見付かる。鎌倉にはお面を被る面掛行列があり、ヴェネチアには仮面を被るカーニバルがある。

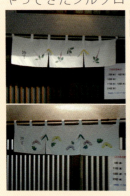

Ichikawa Sadanji IV Kabuki actor

市川左団次
四代目

の場面で不便を強いられている。しかし、野球やバスケットボール等スポーツをするときはエリートである。もし、子供が左利きだったとしたら「両方使えると楽しいよ」と躾をしていただきたい。

　白の暖簾のデザインと色は秀逸である。この暖簾は撮らせてもらった約1000枚の中で最高の暖簾といえる。素材が良くないとここまで綺麗な色は出ない。花暖簾とも云われる楽屋暖簾は屋内にあり風雨に晒されることはない。それで贔屓筋がちりめんなどのシルクでできた暖簾を贈る事ができる。

　また左団次の定紋は三升に左である。そこで左利きについて言及する。日本人でいえば、五輪の書を書いた宮本武蔵が左利きであった。それで二天一流を編み出すことができたのである。左利きは普段は右利きに牛耳られ、いろいろ

Ichikawa Sadanji IV, Kabuki actor

This white Noren with colorful touch is excellent one. It is hard to produce these colors without good-quality material. Gakuya(dressing room)-Noren for Kabuki will not be exposed to wind and rain so it is possible for them to be luxury made of wrinkle finish etc. by patrons.

花暖簾

Bando Yajuro I Kabuki actor

板東彌十郎 初代

白の暖簾はアルプスのマッターホルンであるが、舞台の合間にすぐスイスに出かけて行くので、不思議ではない。彌十郎は歌舞伎会で最も背が高い。高校時代にはバスケットボール部でセンターをしていたので当たり前とも云える。その高校のバスケット部の先輩には北大路欣也がおり、後輩には加来賢人がいる。

また一枚だけ、松本幸四郎の暖簾が弥十郎の右にある。十代目松本幸四郎の暖簾はまだ一枚だけしか撮れてないので諦めていたが、楽屋が弥十郎の隣で暖簾が並んでいたので一緒に撮らせてもらった。

Bando Yajuro I, **Kabuki actor**

This white Noren with a design of the Matterhorn is extremely rare among other Gakuya-Noren. Yajuro is an actor who is very into Switzerland as he flies there immediately after he finishes his performance on stage.

Nakamura Matsue VI Kabuki actor

中村松江 六代目

左団次さんに楽屋暖簾を撮らせて貰うようにお願いした時、左団次さんは二枚の暖簾を用意してくれ、何人か若い者の暖簾も撮れと声を掛けてくれた。その中に松江さんの暖簾もあった。

フランスの国旗、トリコロールの花暖簾とは素晴らしい。良く見ると同窓のご贔屓すじから贈られたとわかる。フランス人に楽屋訪問をお勧めしたくなる暖簾である。

トリコロールの暖簾に書かれた送り主の一人が知人であったため、もう一つ暖簾を撮らせてもらえた。お陰さまで何度も歌舞伎座の楽屋に入らせてもらい、何枚もの暖簾を見させてもらった。

Nakamura Matsue VI, **Kabuki actor**

Surprisingly, this Noren is exactly the same as French national flag "Tricolor". I recommend, especially French people, to visit this backstage.

花暖簾

■文・写真　鈴木進吾（すずき　しんご）

江戸暖簾保存会
巴屋三代目　代表取締役隠居

1943年生まれ
九段の白百合幼稚園、1950年卒業
暁星小、中、高校、1962年卒業
慶応義塾大学法学部政治学科、1966年卒業
同年巴屋に入社
巴屋は1908年麹町で祖父が創業の生地問屋、戦後は神田にて営業

お江戸ののれん

2019年10月20日第1刷発行　定価2000円＋税

文・写真	鈴木進吾	
英　訳	鈴木みのり	
装　丁	市村繁和（i-Media）	
題字デザイン	あおの　よしこ	

発　行　　柘植書房新社
　　　　　〒113-0001　東京都文京区白山1-2-10　秋田ハウス102
　　　　　TEL 03(3818)9270　FAX 03(3818)9274
　　　　　郵便振替00160-4-113372　https://www.tsugeshobo.com
印刷・製本　　株式会社紙藤原
乱丁・落丁はお取り替えいたします。　　　　　ISBN978-4-8068-0732-2 C0076

JPCA
日本出版著作権協会
http://www.jpca.jp.net/

本書は日本出版著作権協会（JPCA）が委託管理する著作物です。
複写（コピー）・複製、その他著作物の利用については、事前に
日本出版著作権協会（電話03-3812-9424、info@jpca.jp.net ）
の許諾を得てください。